2021 广东省区域创新能力评价报告

柳卸林　王颖婕　张金水　主编

科学技术文献出版社

·北京·

图书在版编目（CIP）数据

2021广东省区域创新能力评价报告 / 柳卸林，王颖婕，张金水主编. —北京：科学技术文献出版社，2021.12
　ISBN 978-7-5189-8874-7

Ⅰ.①2…　Ⅱ.①柳…②王…③张…　Ⅲ.①区域经济发展—研究报告—广东—2021　Ⅳ.①F127.65

中国版本图书馆CIP数据核字（2021）第261943号

2021广东省区域创新能力评价报告

| 策划编辑：李　蕊 | 责任编辑：李晓晨　钱一梦 | 责任校对：张　微 | 责任出版：张志平 |

出 版 者　科学技术文献出版社
地　　址　北京市复兴路15号　邮编 100038
编 务 部　（010）58882938，58882087（传真）
发 行 部　（010）58882868，58882870（传真）
邮 购 部　（010）58882873
官方网址　www.stdp.com.cn
发 行 者　科学技术文献出版社发行　全国各地新华书店经销
印 刷 者　北京九州迅驰传媒文化有限公司
版　　次　2021年12月第1版　2021年12月第1次印刷
开　　本　889×1194　1/16
字　　数　215千
印　　张　10.25
审 图 号　GS（2022）102号
书　　号　ISBN 978-7-5189-8874-7
定　　价　46.00元

版权所有　违法必究

购买本社图书，凡字迹不清、缺页、倒页、脱页者，本社发行部负责调换

课题组成员

柳卸林　中国科学院大学经济与管理学院　教授、博导
王颖婕　军事科学院　助理研究员
张金水　广东省科学技术情报研究所　研究员
杨博旭　中国科学院大学经济与管理学院　博士后
幸　雯　广东省科学技术情报研究所　助理研究员
何健文　广东省科学技术情报研究所　副研究员
葛　爽　中国科学院大学经济与管理学院　博士生
吉晓慧　中国科学院大学经济与管理学院　博士生
王　倩　中国科学院大学经济与管理学院　博士生
常馨之　中国科学院大学经济与管理学院　博士生
杨培培　中国科学院大学经济与管理学院　博士生
黄志宇　广东省科学技术情报研究所　助理研究员
王　宁　中国科学院大学经济与管理学院　硕士生
肖　楠　中国科学院大学经济与管理学院　科研助理
冯　艺　广东省科学技术情报研究所　研究实习员

导　言

广东省是我国最具创新活力的省份之一，正逐步从创新大省向创新强省加速迈进。

广东省作为改革开放的先行试验区，在改革开放和社会主义现代化建设过程中具有十分重要的地位，取得了丰硕的成果。改革开放以来，广东省科技创新能力大幅跃升，现代产业体系优化升级。2020年全省研发经费支出3200亿元，占地区生产总值比重为2.9%，区域创新综合能力跃居全国第一，有效发明专利量、PCT国际专利申请量保持全国首位。国家级高新区增加到14家，高新技术企业达5.3万家。主营业务收入5亿元以上工业企业全部设立研发机构。产业转型升级步伐加快，形成电子信息、绿色石化、智能家电、先进材料等7个万亿级产业集群。

党的十八大以来，习近平总书记始终关心、推动广东发展，多次深入广东考察调研。他在2020年考察广东时强调："要坚决贯彻党中央战略部署，坚持新发展理念，坚持高质量发展，进一步解放思想、大胆创新、真抓实干、奋发进取，以更大魄力、在更高起点上推进改革开放，在推进粤港澳大湾区建设、推动更高水平对外开放、推动形成现代化经济体系、加强精神文明建设、抓好生态文明建设、保障和改善民生等方面展现新的更大作为，努力在全面建设社会主义现代化国家新征程中走在全国前列、创造新的辉煌"。这为广东省当好新时代改革开放排头兵指明了道路。

自2017年以来，广东区域创新能力连续四年位居全国首位，逐渐从一个创新能力有限的地区发展为创新发展的领头雁，并且优势不断扩大。广东的创新实力不断实现从量变到质变，广东也逐渐从创新大省向创新强省转变。因此，解剖广东省的创新特点和模式，分析广东创新的走向，对推动我国创新型国家建设，及分析区域创新能力发展前景都具有重要的意义。

研究发现，广东省科技创新发展呈现出研发投入水平高、研发产出能力高、创新合作水平高、新产品开发能力高等"四高"特征。2019年，广东省R&D人力资源投入总量全国领先，创新财力资源投入处于全国领先梯队，其中，广东企业研发机构建设成效显著，规模以上工业企业中有研发机构的企业数量连续两年增长超过80%。当前，广东已经构建了以企业为主体、以市场为导向、产学研相结合的区域创新体系。市场机制是配置创新资源最重要的机制，企业根据市场需求进行技术创新，在企业创新的带动下，社会资源不断向优质企业和产品集中，创新要素加快自由流动和聚集。在广东，企业是创新的主体，研发经费内部支出额中企业资金占比近90%，广东省战略性新兴产业迅速崛起和产业转型升级得益于广东企业对创新的不懈追求。数据显示，广东省规模以上工业企业新产品销售收入领先全国。广东在创新载体培育、研发经费投入、技术转移转化方面的政策环境也更有利于创新。

同时也应看到，一是广东省基础研究领域相对薄弱。基础研究依赖于大学和研究机构等高端创新平台，但广东省高端创新平台相对缺乏，导致其基础研究领域相对薄弱，而实现关键共性技术创新和颠覆性技术突破需要较强的基础研究能力，因此，基础研究能力相对薄弱给广东省创新驱动发展带来了较大挑战。二是广东省各地市的区域协调发展任重道远。虽然粤东西北地区高新技术企业数量、新型研发机构数量、重点支持院校经费等指标增速有了较大提高，但相较于珠三角地区，发展差距还是较大，不协调问题依然突出。三是广东省 R&D 人力资源投入很多，但是科技创新尖端人才和领军人才较发达国家相对匮乏，现有科技领军人才数量和质量难以支撑广东省创新驱动发展，难以形成引领新一轮发展的优势。

当前复杂多变的世界局势给广东省开放创新模式的可持续性带来了严重挑战。但国家提出了新的发展目标和新的战略，特别是《粤港澳大湾区发展规划纲要》的颁布，给广东科技创新带来新的机遇和新的挑战。《粤港澳大湾区发展规划纲要》又赋予广东创新新的时代内涵，粤港澳协同创新被摆在更加重要的位置。以深港、广珠澳"两廊"为主骨架的大湾区创新布局正加快形成，融研发、转化、制造为一体的"广深港澳科技创新走廊"正快速打通。在新一轮全球科技革命浪潮下，在粤港澳大湾区建设的历史机遇下，广东正加快将战略性新兴产业壮大成为新支柱，加速从创新大省向创新强省迈进。

本报告名为 2021 广东省区域创新能力评价报告，但除标明外，基本上是基于 2019 年数据进行的评价，分析的是广东各市在 2019 年表现出来的创新能力，特此说明。

由于本报告是集体完成的，文字风格不尽统一，加之经验有限，仍有许多不尽如人意之处，欢迎各界批评指正。

本课题起源于广东省软科学研究项目"广东省创新能力评价研究 2020"的资助，项目参与单位为广东省科学技术情报研究所。特此感谢！

柳卸林

2021 年 4 月

目 录

第一篇 2021年广东省区域创新能力分析 ………………………………………… 1

第1章 广东省创新发展现状及特征 …………………………………………………… 2
1.1 创新人力资源分析 ……………………………………………………………… 2
1.2 创新财力资源分析 ……………………………………………………………… 4
1.3 创新存量资源分析 ……………………………………………………………… 6
1.4 创新载体资源分析 ……………………………………………………………… 8
1.5 产业层面运行分析 ……………………………………………………………… 13

第2章 广东省创新发展机遇与挑战 …………………………………………………… 16
2.1 国际形势发生重大变化 ………………………………………………………… 16
2.2 《粤港澳大湾区发展规划纲要》颁布 ………………………………………… 16
2.3 广东省基础研究领域相对薄弱 ………………………………………………… 16
2.4 广东省缺乏科技创新尖端人才和领军人才 …………………………………… 17
2.5 区域不平衡性对协调发展提出更高要求 ……………………………………… 17

第3章 广东省区域创新能力排名 ……………………………………………………… 18
3.1 综合指标排名 …………………………………………………………………… 18
3.2 投入指标排名 …………………………………………………………………… 22
3.3 产出指标排名 …………………………………………………………………… 23
3.4 产业升级指标排名 ……………………………………………………………… 26
3.5 产业创新环境排名 ……………………………………………………………… 27
3.6 排名幅度变化较大地区 ………………………………………………………… 29

第4章 区域创新能力评价的方法与意义 ……………………………………………… 34
4.1 区域创新能力评价的意义 ……………………………………………………… 34
4.2 评价体系与分析框架 …………………………………………………………… 34

第二篇 区域创新能力分地市报告……39

第5章 广东省各市创新能力分析……40

- 5.1 广州市……40
- 5.2 深圳市……47
- 5.3 珠海市……56
- 5.4 汕头市……62
- 5.5 佛山市……67
- 5.6 韶关市……73
- 5.7 河源市……78
- 5.8 梅州市……83
- 5.9 惠州市……89
- 5.10 汕尾市……94
- 5.11 东莞市……98
- 5.12 中山市……107
- 5.13 江门市……114
- 5.14 阳江市……119
- 5.15 湛江市……123
- 5.16 茂名市……127
- 5.17 肇庆市……131
- 5.18 清远市……136
- 5.19 潮州市……140
- 5.20 揭阳市……145
- 5.21 云浮市……150

第一篇
2021年广东省区域创新能力分析

第 1 章　广东省创新发展现状及特征

当前，科技创新能力已经成为提高区域经济和社会发展水平、促进地区的可持续和包容性发展的关键支撑。创新发展能力在很大程度上决定了新时代、新发展阶段广东省实现现代化建设的速度与动力。因此，贯彻落实创新驱动发展战略对广东省实现协调发展、联动增长、共同富裕具有十分重要的意义。

课题组选取科技创新资源配置和运行的数据，将广东省与全国其他省区市及全国平均水平进行对比，来整体研究广东省创新资源配置及运行的现状和趋势。其中，从创新人力资源、创新财力资源、创新存量资源和创新载体资源 4 个方面分析科技创新资源配置情况，从产业层面来分析创新资源运行情况，进而研究广东省创新发展现状及特征。

1.1　创新人力资源分析

本报告选用 R&D 人员全时当量代表地区 R&D 人力资源投入量。广东省近 10 年来 R&D 人力资源投入量及与全国平均水平的比较情况如图 1-1 所示。

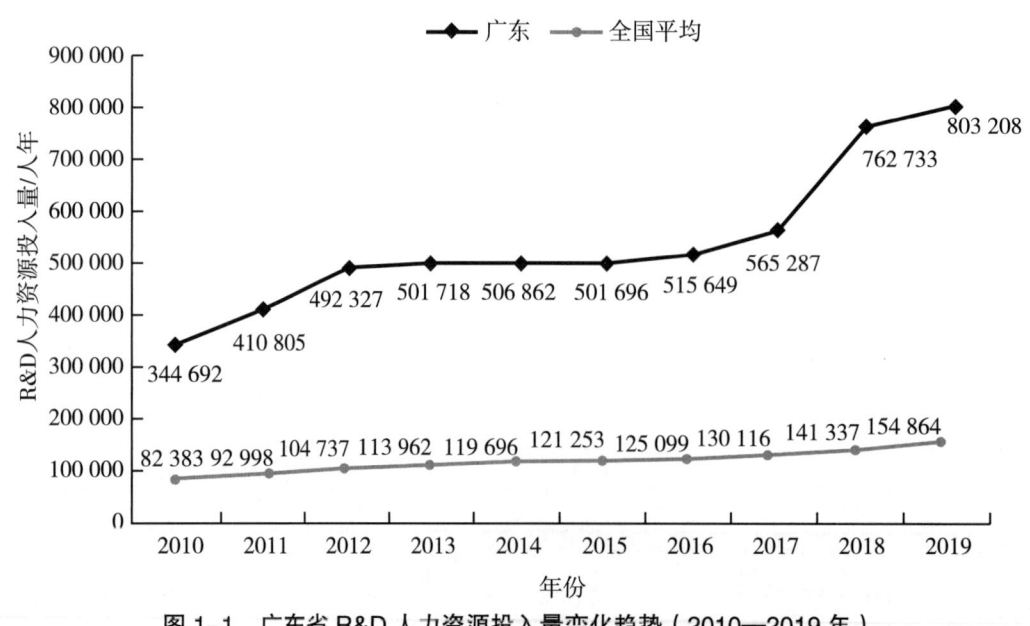

图 1-1　广东省 R&D 人力资源投入量变化趋势（2010—2019 年）

由图 1-1 可以看出，从地区投入总量与全国平均水平的对比看，2010 年以来，广东省 R&D 人力资源投入量一直高于全国平均水平，且在 2010 年到 2012 年之间，广东领先优势逐年加大；2013 年到 2016 年二者差距趋于平稳；2017 年后，广东相对于全国平均水平的领先性更加突出。从年均增长率看，广东省年均增长 9.86%，高于全国平均水平（7.26%），且有领先优势不断拉大的趋势。

考察期内，广东省 R&D 人力资源投入量与全国其他省份的对比情况如表 1-1 所示，可以看出，考察期初和考察期末，广东省 R&D 人力资源投入量在全国的排名一直保持第 1 位。在 2010 年，广东省 R&D 人力资源投入量较第 2 位的江苏高出 9.14%；在 2019 年，广东省 R&D 人力资源投入量依然领先，领先优势进一步扩大。

表 1-1　广东省 R&D 人力资源投入量在全国的排名变化

名次	2010 年		2019 年	
	地区	R&D 人力资源投入量 / 人年	地区	R&D 人力资源投入量 / 人年
1	广东	344 692	广东	803 208
2	江苏	315 831	江苏	635 279
3	浙江	223 484	浙江	534 724
4	北京	193 718	山东	313 986
5	山东	190 329	河南	278 787
6	上海	134 952	福建	198 646
7	河南	101 467	安徽	191 570
8	湖北	97 924	湖北	178 330
9	辽宁	84 654	湖南	175 318
10	四川	83 800	江西	171 452
11	福建	76 737	上海	170 777
12	陕西	73 218	四川	157 277
13	湖南	72 637	河北	115 319
14	安徽	64 169	重庆	111 799
15	河北	62 305	辽宁	105 593
16	黑龙江	61 854	天津	99 880
17	天津	58 771	北京	97 602
18	山西	46 279	陕西	92 502
19	吉林	45 313	云南	57 157
20	重庆	37 078	山西	47 420
21	江西	34 823	贵州	46 853
22	广西	33 987	广西	44 394
23	内蒙古	24 765	黑龙江	42 323

续表

名次	2010年		2019年	
	地区	R&D人力资源投入量/人年	地区	R&D人力资源投入量/人年
24	云南	22 552	内蒙古	37 757
25	甘肃	21 661	吉林	25 956
26	贵州	15 087	甘肃	24 897
27	新疆	14 382	宁夏	13 820
28	宁夏	6378	新疆	12 016
29	海南	4893	青海	8903
30	青海	4858	海南	5476
31	西藏	1259	西藏	1751

数据来源：《中国科技统计年鉴》。

1.2 创新财力资源分析

本报告用R&D经费投入强度，即R&D经费内部支出与地区GDP之比，代表地区创新财力资源投入情况。广东省近10年来创新财力资源投入及与全国平均水平的比较情况如图1-2所示。

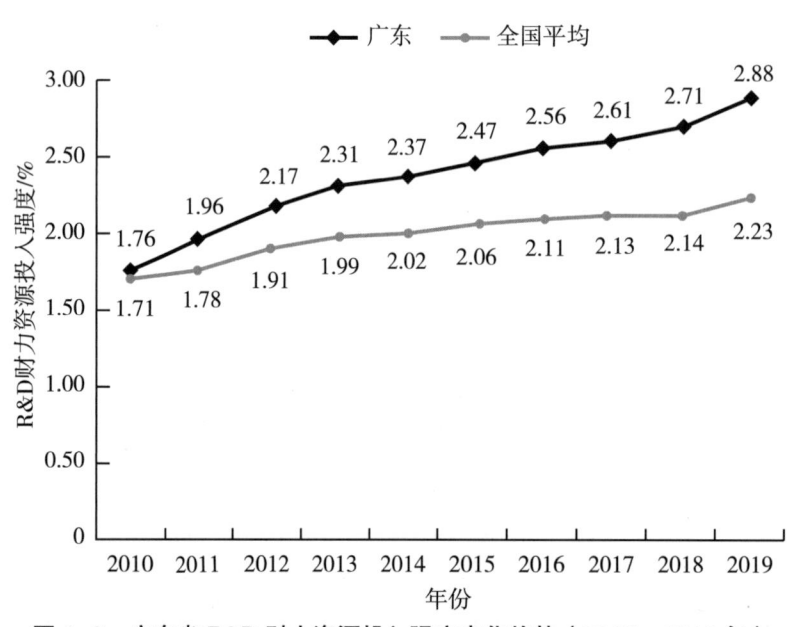

图1-2 广东省R&D财力资源投入强度变化趋势（2010—2019年）

由图1-2可以看出，从地区投入与全国平均水平的对比看，考察初期，广东省R&D财力资源投入强度略高于全国平均水平，2010年后，广东省R&D财力资源投入强度增长明显，并且随着时间推移，不断拉大与全国平均水平的差距，到2019年广东省R&D财力资源投入强度达到2.88%，高于全国大多数省区市。

考察期内,由广东省R&D财力资源投入强度与全国其他省份的对比情况能够看出其所在位置,具体如表1-2所示。

由表1-2可以看出,考察期初和考察期末,广东省R&D财力资源投入强度在全国的排名有所上升,由2010年的第7位上升到2019年的第4位,上升了3个位次,表明了广东省对研发投入的重视程度不断加大,财力投入力度不断加强。

表1-2 广东省R&D财力资源投入强度在全国的排名变化

名次	2010年		2019年	
	地区	R&D财力资源投入强度	地区	R&D财力资源投入强度
1	北京	5.82%	北京	6.31%
2	上海	2.81%	上海	4.00%
3	天津	2.49%	天津	3.28%
4	陕西	2.15%	广东	2.88%
5	江苏	2.07%	江苏	2.79%
6	浙江	1.78%	浙江	2.68%
7	广东	1.76%	陕西	2.27%
8	山东	1.72%	山东	2.10%
9	湖北	1.65%	湖北	2.09%
10	辽宁	1.56%	辽宁	2.04%
11	四川	1.54%	安徽	2.03%
12	安徽	1.32%	重庆	1.99%
13	重庆	1.27%	湖南	1.98%
14	黑龙江	1.19%	四川	1.87%
15	湖南	1.16%	福建	1.78%
16	福建	1.16%	河北	1.61%
17	甘肃	1.02%	江西	1.55%
18	山西	0.98%	河南	1.46%
19	江西	0.92%	宁夏	1.45%
20	河南	0.91%	吉林	1.27%
21	吉林	0.87%	甘肃	1.26%
22	河北	0.76%	山西	1.12%
23	青海	0.74%	黑龙江	1.08%
24	宁夏	0.68%	云南	0.95%
25	广西	0.66%	贵州	0.86%
26	贵州	0.65%	内蒙古	0.86%

续表

名次	2010年		2019年	
	地区	R&D财力资源投入强度	地区	R&D财力资源投入强度
27	云南	0.61%	广西	0.79%
28	内蒙古	0.55%	青海	0.69%
29	新疆	0.49%	海南	0.56%
30	海南	0.34%	新疆	0.47%
31	西藏	0.29%	西藏	0.25%

数据来源：《中国科技统计年鉴》。

1.3 创新存量资源分析

如果将创新人力资源和创新财力资源投入作为年度投入资源来看的话，那么创新投入的产出累积量便构成地区创新存量资源。由于技术知识具有累积性，所以这些存量资源是增量资源投入的产出基础，也是地区引进、消化、吸收外部资源进入的重要基础。因此在某种程度上，创新存量资源是地区创新能力的标志性指标，不同地区的创新存量资源状况从整体上便反映了全国范围内创新能力的分布状况。

本报告选用万人有效发明专利拥有量反映地区创新存量资源的情况。广东省近10年来创新存量资源增长情况及与全国平均水平的比较情况如图1-3所示。

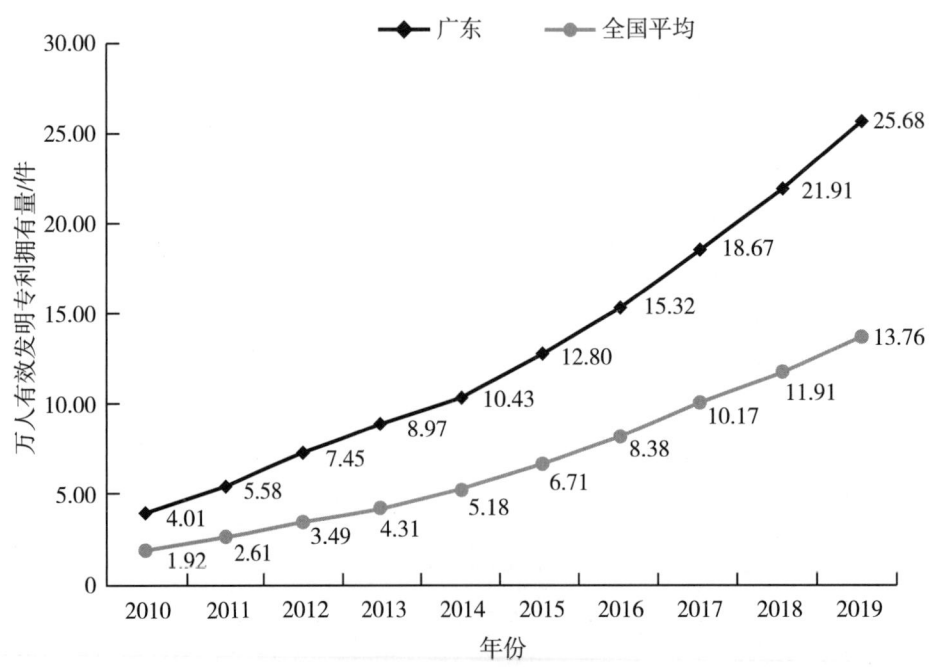

图1-3 广东省万人有效发明专利拥有量变化趋势（2010—2019年）

如图1-3所示，由广东省万人有效发明专利拥有量与全国平均水平对比看出，广东省一直高于全国平均水平。考察初期，广东省每万人拥有有效发明专利4.01件，比全国平均1.92件高出2.09件，随着时间推移，到2019年，广东省每万人拥有有效发明专利比全国平均水平高11.92件，二者之间的绝对量差距在拉大，但是增长速度的差距在缩小。

考察期内，由广东省万人有效发明专利拥有量与全国其他省份的对比情况能够看出其所在位置，具体如表1-3所示。

由表1-3可以看出，考察期初和考察期末对比，广东省万人有效发明专利拥有量在全国的排名略有下降，由2010年的第4位，到2019年的第5位，下降了1个位次，尽管广东省的万人有效发明专利量大幅增长，但是随着全国对专利产出的重视程度不断提高，大多数省市的万人有效发明专利拥有量都实现快速增长，特别是江苏和浙江，因此也导致广东的排名下降1个位次。

表1-3 广东省万人有效发明专利拥有量在全国的排名变化

名次	2010年		2019年	
	地区	万人有效发明专利拥有量/件	地区	万人有效发明专利拥有量/件
1	北京	19.88	北京	132.01
2	上海	10.35	上海	53.44
3	天津	5.02	江苏	30.09
4	广东	4.01	浙江	27.45
5	浙江	3.30	广东	25.68
6	江苏	2.50	天津	22.23
7	辽宁	1.86	陕西	11.92
8	陕西	1.50	安徽	11.75
9	山东	1.16	福建	11.02
10	黑龙江	1.14	重庆	10.38
11	湖北	1.10	山东	10.02
12	重庆	1.09	湖北	10.02
13	吉林	1.08	辽宁	9.72
14	湖南	0.96	四川	7.19
15	福建	0.89	湖南	6.76
16	四川	0.81	黑龙江	6.54
17	山西	0.69	吉林	5.46

续表

名次	2010年		2019年	
	地区	万人有效发明专利拥有量 /件	地区	万人有效发明专利拥有量 /件
18	海南	0.51	宁夏	4.61
19	云南	0.51	广西	4.51
20	安徽	0.50	河南	3.87
21	河南	0.48	山西	3.83
22	贵州	0.46	河北	3.80
23	甘肃	0.45	海南	3.33
24	河北	0.43	贵州	3.10
25	宁夏	0.40	江西	2.83
26	内蒙古	0.34	云南	2.82
27	新疆	0.30	甘肃	2.81
28	江西	0.30	青海	2.69
29	广西	0.29	内蒙古	2.32
30	青海	0.28	新疆	2.13
31	西藏	0.20	西藏	1.96

数据来源：《中国科技统计年鉴》。

1.4 创新载体资源分析

国家科技创新基地按照科学与工程研究、技术创新与成果转化、基础支撑与条件保障3类布局建设。科学与工程研究类国家科技创新基地定位于瞄准国际前沿，聚焦国家战略目标，围绕重大科学前沿、重大科技任务和大科学工程，开展战略性、前沿性、前瞻性、基础性、综合性科技创新活动，主要包括国家重点实验室。技术创新与成果转化类国家科技创新基地定位于面向经济社会发展和创新社会治理、建设平安中国等国家需求，开展共性关键技术和工程化技术研究，推动应用示范、成果转化及产业化，提升国家自主创新能力和科技进步水平，主要包括国家工程技术研究中心、国家技术创新中心和国家临床医学研究中心。基础支撑与条件保障类国家科技创新基地定位于为发现自然规律、获取长期野外定位观测研究数据等科学研究工作，提供公益性、共享性、开放性基础支撑和科技资源共享服务，主要包括国家科技资源共享服务平台、国家野外科学观测研究站。

基于数据的可获得性，本报告选取国家重点实验室、企业国家重点实验室和国家工程技术研究中心3个指标进行分析。

1.4.1 国家重点实验室

国家重点实验室主要依托高等院校和科研院所，面向前沿科学、基础科学、工程科学等，开展基础研究、应用基础研究，发挥原始创新能力的引领带动作用。据科技部基础研究司统计，截至2016年年底，国家重点实验室共254家，分布在全国25个省区市，重点布局地区是北京（79家）、上海（32家）、江苏（20家）、湖北（18家）、陕西（13家）。国家重点实验室空间分布情况如图1-4所示。

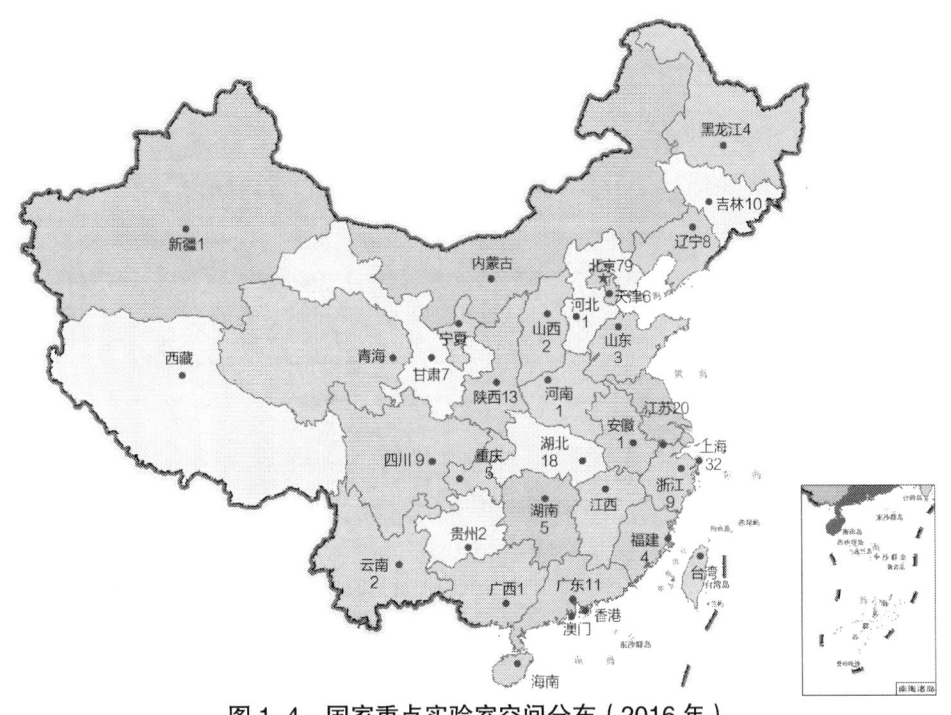

图1-4 国家重点实验室空间分布（2016年）

由图1-4可以看出，截至2016年年底，广东省共拥有国家重点实验室11家，占全国总数的4.33%，居全国第6位。其中，依托中科院广州分院管理3个国家重点实验室，分别是热带海洋环境国家重点实验室、有机地球化学国家重点实验室和同位素地球化学国家重点实验室；依托中山大学管理4个国家重点实验室，分别是华南肿瘤学国家重点实验室、眼科学国家重点实验室、有害生物控制与资源利用国家重点实验室和光电材料与技术国家重点实验室；依托华南理工大学管理3个国家重点实验室，分别是亚热带建筑科学国家重点实验室、制浆造纸工程国家重点实验室和发光材料与器件国家重点实验室；依托广州医学院管理呼吸疾病国家重点实验室，该实验室在科技部2016年的评估中被评为优秀类国家重点实验室。

2018年1月31日，由北京大学深圳研究生院与清华大学深圳研究生院合建的"省部共建肿瘤化学基因组学国家重点实验室"得到科技部批复正式建立。该实验室将围绕华南地区多发的鼻咽癌等肿瘤疾病中的关键科学问题，建立起基于化学基因组学为核心技术的综合性研究与开发体系的高端科技创新平台。该实验室也是深圳市第一家依托高校的国家重点实验室。

相比于北京、上海、江苏等地区，广东省在基础研究和原始创新基地数量上稍显逊色，即相较于其他科技资源的分布，广东省国家重点实验室的数量有待提高。

1.4.2 企业国家重点实验室

企业国家重点实验室依托企业，面向社会和行业未来发展的需求，开展应用基础研究和竞争前共性技术研究，研究制定国际标准、国家和行业标准，与国家重点实验室形成互补关系。据科技部基础研究司统计，截至2016年年底，正在建设和运行的企业国家重点实验室177家，主要分布在材料、制造、能源、矿产、医药、农业、信息、交通等8个领域。空间布局上以东、中部省区市为主，重点地区是北京（37家）、山东（17家）、江苏（13家）、广东（13家）和上海（11家），基本反映了企业研发能力的总体布局。企业国家重点实验室空间分布情况如图1-5所示。

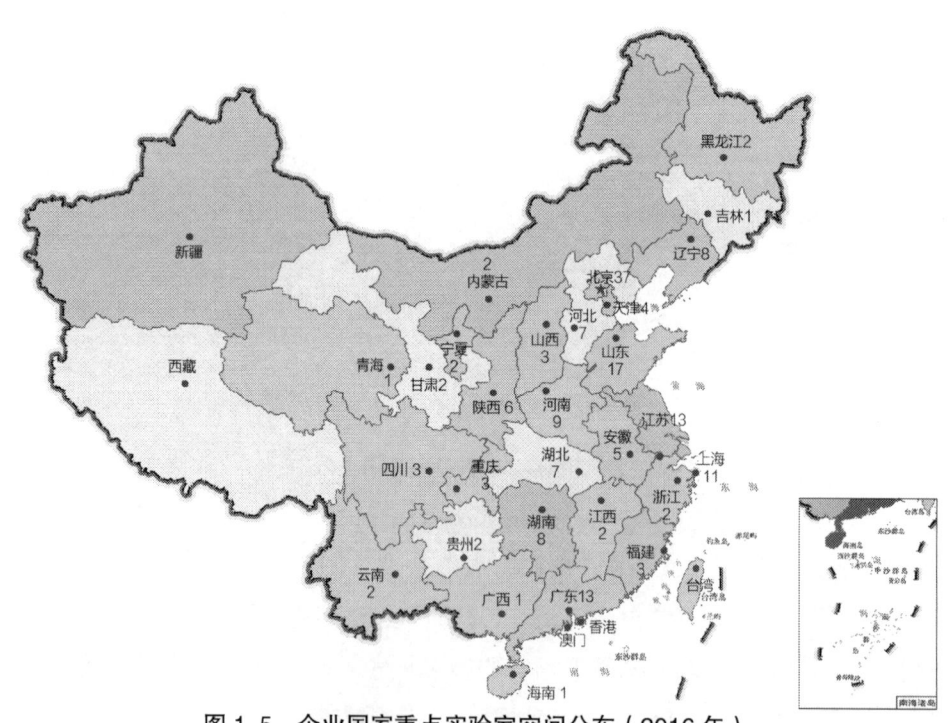

图1-5 企业国家重点实验室空间分布（2016年）

由图1-5可以看出，截至2016年年底，广东省共拥有企业国家重点实验室13个，占全国总数的7.34%，仅次于北京、山东，居全国第3位。广东省的企业重点实验室主要有无线通信接入技术国家重点实验室（华为技术有限公司）、稀有金属分离与综合利用国家重点实验室（广州有色金属研究院)、超材料电磁调制技术国家重点实验室(深圳光启高等理工研究院)、畜禽育种国家重点实验室(广东省农业科学院畜牧研究所)、农业基因组学国家重点实验室(深圳华大基因研究院)、移动网络和移动多媒体技术国家重点实验室(中兴通讯股份有限公司)、废旧塑料资源高效开发及高质利用国家重点实验室(金发科技股份有限公司)、核电安全监控技术与装备国家重点实验室(中广核工程有限公司)、抗感染新药研发国家重点实验室(广东东阳光药业有限公司)、空调设备及系统运行节能国家重点实验室(珠海格力电器股份有限公司)和新型电子元器件关键材料与工艺国家重点实验室(广东风华高新科技股份有限公司),且大部分企业国家重点实验室位于深圳市。

广东省的企业国家重点实验室取得了一系列重要成果,获得国内外各界一致好评,也为广东的发展做出了重要贡献。例如,移动网络和移动多媒体技术国家重点实验室、无线通信接入技术国家重点实验室共同研发的第四代移动通信系统(TD-LTE)关键技术与应用获得国家科学技术进步奖特等奖;移动网络和移动多媒体技术国家重点实验室提出的3GPP获得多项国际标准。2018年5月科技部发布的99个企业国家重点实验室评估结果中,无线通信接入技术国家重点实验室被列为优秀类企业国家重点实验室。

1.4.3 国家工程技术研究中心

国家工程技术研究中心面向国家重大战略任务和重点工程建设需求,开展关键技术攻关和试验研究、重大装备研制、重大科技成果的工程化实验验证,突破关键技术和核心装备制约。据科技部基础研究司统计,截至2016年年底,共建成国家工程技术研究中心347个和分中心13个,合计360个。空间布局上以东部为主,重点地区是北京(64个)、山东(36个)、江苏(29个)、广东(23个)和上海(22个),基本反映了国家重大战略、重点工程的关键技术攻关和研制能力的总体布局。国家工程技术研究中心具体分布情况如图1-6所示。

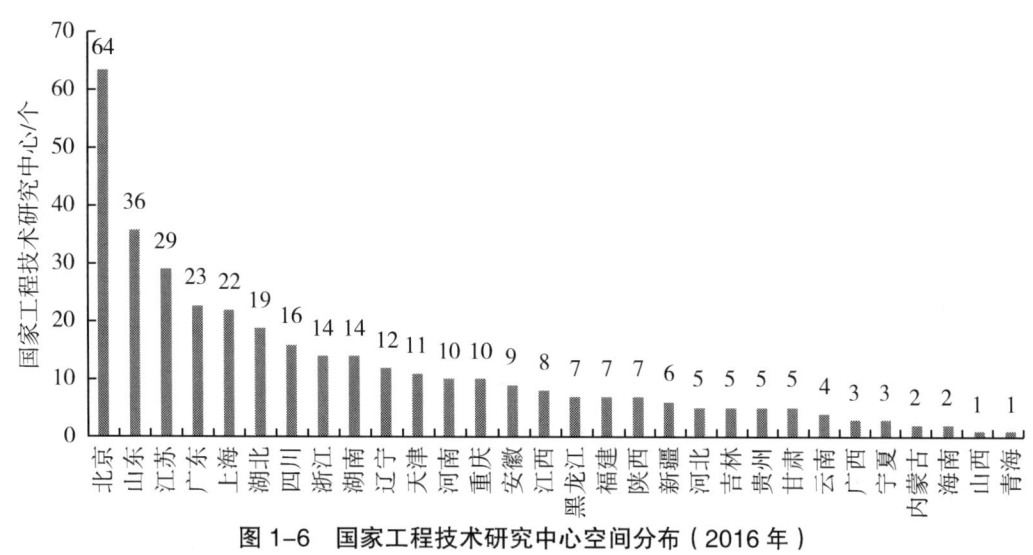

图1-6 国家工程技术研究中心空间分布(2016年)

由图1-6可以看出，广东省共拥有国家工程技术研究中心23个，占全国总数的6.39%，仅次于北京、山东和江苏，居全国第4位。

国家工程技术研究中心在加强科技与经济结合，促进科技成果转化，培养集聚工程技术优秀创新人才，着力提升关键共性技术研发能力和科技成果转移转化能力，推动传统产业优化升级和促进新兴产业发展方面，发挥了重要的引领作用。

国家金属材料近净成形工程技术研究中心（华南理工大学）研制了高强耐热耐磨耐蚀铸造铜合金，研发了独特的大规格铸件离心铸造成形技术，攻克了铸件需要抑制柱状晶组织、获得完全等轴晶组织的技术难题。其研制的高性能铜合金材料实现了工程化，完全替代了国外进口。成果获得教育部科技进步奖一等奖。

国家移动超声探测工程技术研究中心（华南理工大学）专注于以超声为传感手段的探测技术和产品的研发，技术和产品广泛用于高铁探伤、水下测绘、医学检测、电力监测、特种检测、海洋生物探测等领域；拥有针对传统超声探测系统瓶颈问题的完整解决方案，有助于提高超声探测产业的技术水平和创新能力，推动服务于基础设施、工业探伤、医疗健康等领域的高端新型探测技术的发展，辐射和带动铁路交通、工业探测、水下探测和医疗诊断等相关产业，对于促进国民经济的发展、提高人民生活水平、提升我国超声探测相关行业的核心竞争力，具有非常重要的意义和价值。

国家节能环保制冷设备工程技术研究中心（珠海格力电器股份有限公司）自主研发高效永磁同步变频离心式冰蓄冷双工况机组，发明了一种高效率、高转速、大功率的中高压变频系统，实现了大功率高速永磁电机变频调速，提升了变频双工况机组的单机制冷量，节能效果显著。

国家仿真控制工程技术研究中心（广东省亚仿科技股份有限公司）是以仿真技术、控制技术为核心建立的、全国唯一的国家级仿真控制技术研究中心，在仿真的核心技术上，形成了我国知识产权的仿真支撑开发平台，其中300 MW/600 MW核电站全范围仿真机的科技成果具有里程碑意义，填补了国内空白，实现了进口替代。国家仿真控制工程技术研究中心是国内能够提供多种类型仿真控制系统的重要研制基地，每年能够提供十几套仿真控制系统，成为亚洲地区最富实力、规模最大的大型仿真控制技术产品开发基地。

国家植物航天育种工程技术研究中心（华南农业大学）完成水稻生物育种技术体系创新与新品种创制应用，首次从全基因组水平解析水稻航天诱变机理，并利用重离子辐射实现航天诱变的地面模拟，有效拓宽水稻特异种质创新途径；首次将航天诱变、重离子诱变、高通量基因分型与传统育种技术集成创新，构建了"高通量+精确+工程化"水稻生物育种高效技术体系；育成优质高产高抗水稻新品种16个并通过品种审定，其中获国家认定超级稻品种1个，广东省农业主导品种1个，项目成果荣获广东省科学技术进步奖一等奖。

国家医用诊断仪器工程技术研究中心（深圳迈瑞生物医疗电子股份有限公司）研制高端全数字彩色多普勒系统Resona7，是我国首台拥有完全自主知识产权的超高端台式彩超，其最核心的技术亮点是采用了域成像技术，是具有革命性的世界领先技术。

国家宽带无线接入网工程技术研究中心（中兴通讯股份有限公司）完成了全球首个 Pre5G Massive MIMO 基站的预测商用测试，已经陆续进行了 30 多个网络的部署。联合中国移动现场直播演示了 5G 低频网络覆盖下的超高速率，场外试验的开启标志着 5G 在从实验室验证到迈向商用的道路上迈出了领先的一步，具有重要的示范作用。

1.5 产业层面运行分析

本报告选取有研发机构的规上企业数量作为产业层面创新资源的代理。一般认为，有研发机构的企业意味着企业内部有持续、稳定的研发活动，因此，有研发机构的规上企业数量可以衡量产业整体的创新活动情况。

广东省有研发机构的规上企业数量及与全国平均水平比较情况如图 1-7 所示。

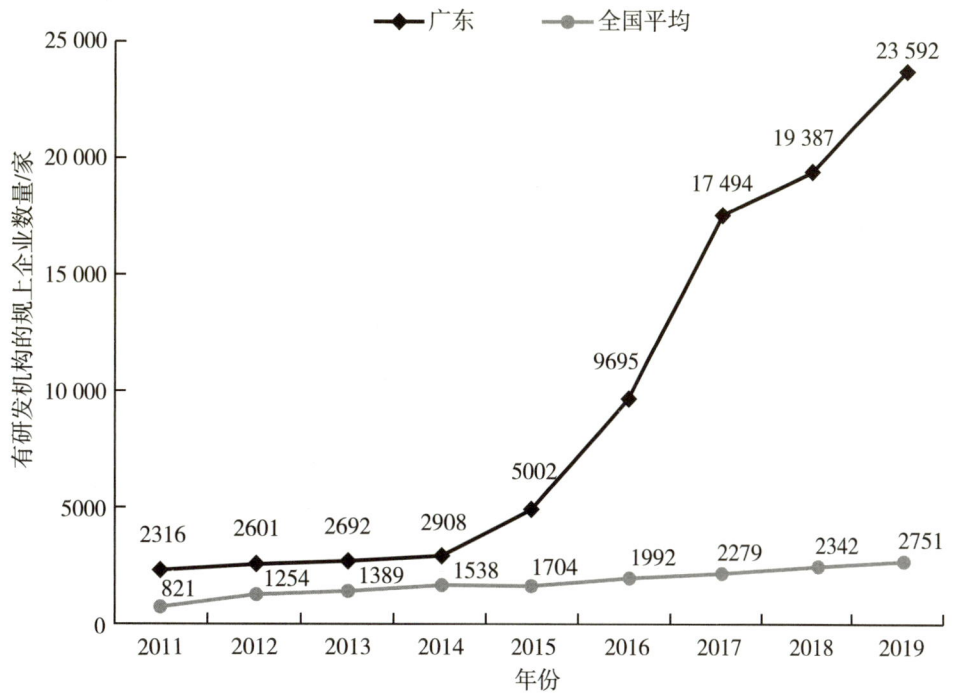

注：从 2011 年起，规上企业的统计范围从年主营业务收入为 500 万元及以上的法人工业企业调整为年主营业务收入为 2000 万元及以上的法人工业企业。由于口径变化，此处从 2011 年起分析。

图 1-7　广东省有研发机构的规上企业数量变化趋势（2011—2019 年）

由图 1-7 可以看出，从广东情况与全国平均水平的对比看，考察期内广东省有研发机构的规上企业数量远高于全国平均水平，并且随着时间推移，广东省有研发机构的规上企业数量与全面平均水平有领先优势不断拉大的趋势，从 2011 年是全国平均水平的近 3 倍拉大到 2019 年是全国平均水平的 8 倍左右，特别是 2015 年以来，广东省有研发机构的规上企业数量几乎以倍增的速度增长。研发机构数量多，且呈快速增长的趋势，有利于广东省产业结构向高端化发展。

考察期内，由广东省有研发机构的规上企业数量与全国其他省份的对比情况能够看出其所在位置，具体如表 1-4 所示。

由表 1-4 可以看出，考察期初和考察期末，广东省有研发机构的规上企业数量在全国的排名靠前，且位次呈上升态势，由 2011 年的第 3 位上升到 2019 年的第 1 位，上升 2 个位次，处于领先地位。

表 1-4　广东省有研发机构的规上企业数量在全国的排名变化

名次	2011 年		2019 年	
	地区	有研发机构的规上企业数量/家	地区	有研发机构的规上企业数量/家
1	浙江	6344	广东	23 592
2	江苏	5327	江苏	21 303
3	广东	2316	浙江	13 274
4	山东	1742	安徽	4812
5	安徽	1153	江西	3467
6	河南	993	山东	2566
7	福建	949	湖北	2012
8	上海	747	河北	1849
9	湖南	688	湖南	1772
10	湖北	587	福建	1703
11	北京	561	河南	1626
12	天津	496	四川	1237
13	四川	453	重庆	995
14	河北	443	上海	642
15	辽宁	415	贵州	520
16	重庆	270	辽宁	487
17	广西	267	山西	466
18	江西	266	云南	465
19	陕西	243	陕西	459
20	云南	191	北京	447
21	黑龙江	169	天津	433

续表

名次	2011年		2019年	
	地区	有研发机构的规上企业数量/家	地区	有研发机构的规上企业数量/家
22	山西	161	广西	263
23	吉林	153	宁夏	239
24	贵州	121	吉林	136
25	甘肃	100	黑龙江	133
26	内蒙古	95	甘肃	133
27	宁夏	86	内蒙古	93
28	新疆	76	新疆	83
29	海南	27	海南	33
30	青海	13	青海	29
31	西藏	2	西藏	5

数据来源:《中国科技统计年鉴》。

第 2 章 广东省创新发展机遇与挑战

2.1 国际形势发生重大变化

根据《2019 年全国科技经费投入统计公报》，我国 R&D 经费总量连续 4 年保持两位数增长，稳居世界第 2 位，R&D 经费投入强度达到 2.23%，已接近欧盟 15 国的平均水平。随着经济基础、科技水平、创新能力的提升，我国的科技创新体量都遥遥领先除美国以外的其他国家，创新战略必然要做出相应的调整和变化。

当前全球经济进入信息革命技术驱动的结构大转型阶段，融合创新成为经济发展最重要的新引擎、新动能，中国迎来百年未有之大变局，各种风险加剧，特别是随着中美关系日趋紧张，竞争态势趋于长期化，国际冲突与矛盾加剧，给广东省开放创新模式的可持续性带来了严重挑战。

2.2 《粤港澳大湾区发展规划纲要》颁布

国家提出新的发展目标和新的战略，特别是《粤港澳大湾区发展规划纲要》的颁布，给广东科技创新带来新的机遇和新的挑战。一是科学前沿研究作用更为凸显，二是区域创新均衡发展任务更为艰巨，三是研发全球化仍将是更佳的选择。

广东作为经济大省、科技强省和改革开放前沿，随着粤港澳大湾区国际科创中心的建设，将更多地承担重大使命、重大试验、重大工程和重大任务。广东与香港、澳门之间存在较大的制度差异，需要突破体制机制障碍，在前沿科学研究、扩大对外开放、创新均衡发展方面进行探索实践，通过加强与香港、澳门之间的科技合作与交流，汇聚全球创新资源，支撑实现对主要发达国家的科技赶超，为创新型强国建设注入澎湃动力，这对广东科技发展既是机遇又是挑战。

2.3 广东省基础研究领域相对薄弱

新中国成立以来，国家级的"大院大所"在广东布局较少，广东具有的世界级水平的大学和研究机构屈指可数，高端创新平台数量偏少。从高校来看，世界 QS 排名 100 强的高校中，北京 2 所、上海 2 所、香港 5 所，广东 1 所都没有。广东"双一流"高校（2 所）和学科（18 个）建设数量远低于北京（8所、162个）、上海（4所、57个）。从科研机构来看，目前，广东省国家重点实验室（11家）数量不足北京（79家）的1/6，约为上海的（32家）1/3；广东的企业国家重点实验室（13家）数量仅为北京（37家）的约1/3；国家工程技术研究中心（23个）数量也仅为北京（64个）的约1/3。

基础研究依赖于大学和研究机构等高端创新平台，广东省相对缺乏高端创新平台导致其基础研究领域相对薄弱。实现关键共性技术创新和颠覆性技术突破需要有较强的基础研究能力，因此，基础研究能力相对薄弱给广东省创新驱动发展带来了较大挑战。

2.4 广东省缺乏科技创新尖端人才和领军人才

尽管广东省R&D人力资源投入居全国第一，但是高端人才和领军人才还较为缺乏。截至2018年年底，广东高层次人才近80万人、高技能人才约350万人，其中，国外人才占广东"双高"人才比例不足10%，与美国硅谷逾60%科技和工程领域工作者出生于美国本土以外相比，差别较大。广东在吸引海外留学人才归国创业方面也略显不足，2017年广东新增的留学归国人才约10万人，低于北京（18万人）、上海（16万人）。从《广东实施〈国家中长期科学与技术发展规划纲要（2006—2020年）〉总结评估报告》中得知，以广东全省创新开放程度最高的深圳市为例，外籍人才仅占常住人口的0.2%，远低于硅谷的67%、纽约的36%、新加坡的33%、上海的0.73%。

高质量发展需要高质量人才，随着新一轮科技革命和产业变革的加速演进，未来科学技术发展的核心竞争力是人才，特别是在领域及行业内具有战略眼光的高端领军人才。广东省R&D人力资源投入很多，但是科技创新尖端人才和领军人才较发达国家相对匮乏，现有科技领军人才数量和质量难以支撑广东省创新驱动发展，难以形成引领新一轮发展的优势。

2.5 区域不平衡性对协调发展提出更高要求

区域发展不平衡、不协调始终是广东的一个非常突出问题。

一是领先地区创新优势明显。以深圳、广州为龙头的珠三角地区的发展速度、经济规模大幅领先于粤东西北地区。同样，创新创业能力方面，如研发投入、专利产出、高新技术企业培育、企业创新创业氛围活力等方面珠三角也均处于领先地位。

二是粤东西北地区虽然也有很大改观，交通有了很大进步，但整体增速仍偏慢，对创新创业的响应能力还不足。需要进一步加强从珠三角地区、省外及国外引进先进生产力，鼓励企业创新，提高企业创新活力，加速产业升级和产业结构调整，并加强地区配套环境建设。

三是转型地区创新发展压力较大。传统工业发展模式越来越难以为继，人才吸引存在困难，新旧动能转化过程中加强环境保护也面临巨大压力。同时，涉及社会环境的改善、人口素质的提高、传统观念的改变等，应避免短视行为，应坚持不懈地长期推动。

第 3 章 广东省区域创新能力排名

3.1 综合指标排名

2019年广东省创新能力综合排名如图3-1所示,深圳、广州、珠海位居前三,在广东21个城市中排名上游的前7位的城市依次是深圳、广州、珠海、东莞、佛山、中山和惠州,且这7个城市的创新能力排名在2017—2019年并未发生任何变化,排名非常稳定。

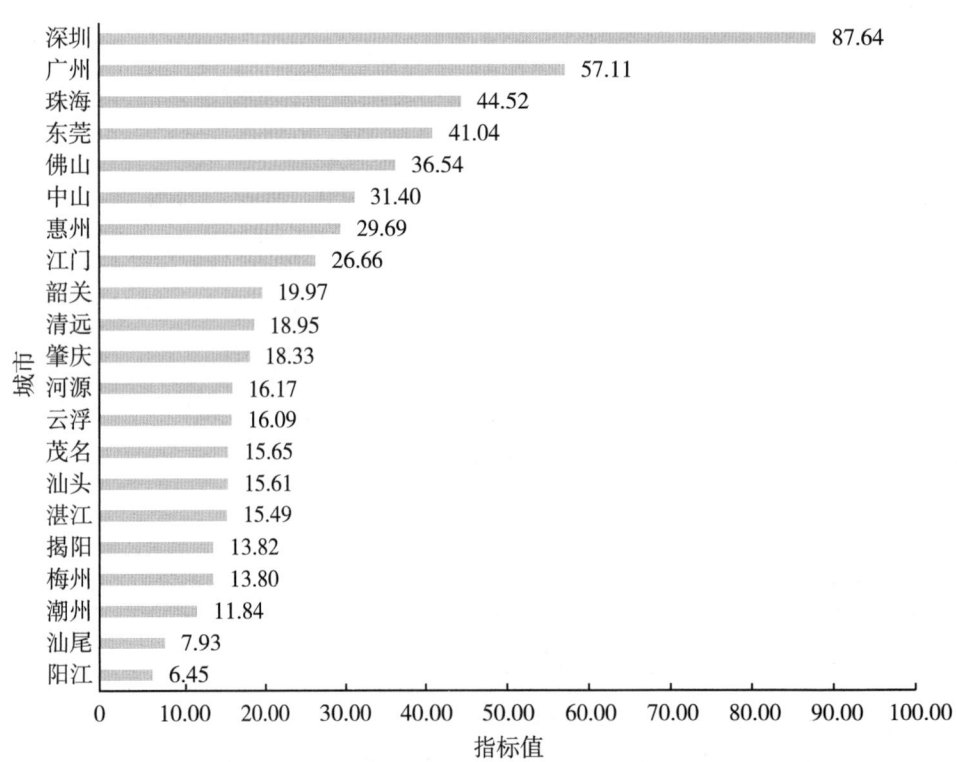

图3-1 2019年广东省各市创新能力综合指标值

从各市创新能力排名变化情况看,较2017年创新能力综合排名情况,2019年9个城市排名不变,且基本是创新能力上位圈的城市;排名上升的城市有5个,分别是韶关、湛江、揭阳、肇庆和云浮,上升幅度最大的地区是云浮,上升了5位;排名下降的地区有7个,包括汕头、河源、梅州、汕尾、阳江、茂名和潮州,下降幅度最大的地区是茂名,下降了5位(表3-1)。

第3章 广东省区域创新能力排名

表 3-1 广东省各市创新能力排名及变化

地区	2017 年排名	2018 年排名	2019 年排名	2017—2019 年排名变化
广州	2	2	2	0
深圳	1	1	1	0
珠海	3	3	3	0
汕头	14	14	15	−1
佛山	5	5	5	0
韶关	13	10	9	4
河源	11	13	12	−1
梅州	15	18	18	−3
惠州	7	7	7	0
汕尾	16	15	20	−4
东莞	4	4	4	0
中山	6	6	6	0
江门	8	8	8	0
阳江	20	21	21	−1
湛江	19	12	16	3
茂名	9	11	14	−5
肇庆	12	9	11	1
清远	10	16	10	0
潮州	17	19	19	−2
揭阳	21	17	17	4
云浮	18	20	13	5

一般来说，创新能力较强的地区，其创新动力是多元的，且保持了相对的稳定性。在全球疫情暴发、中美关系日趋紧张的背景下，对创新驱动发展提出了更高的要求，广东省要把握粤港澳大湾区建设的机遇，加快产业转型升级，发展新经济，继续扩大对研发的投入特别是基础研发的投入，不断提高创新能力。从地区分布来看，珠江三角洲是创新能力最强的地区，广东区域创新能力排名前八的城市均属于珠江三角洲。尽管 2019 年排名上升 1 位，排第 11 位，肇庆市的创新能力在珠江三角洲地区排名垫底。

广东省东翼是指汕头、潮州、揭阳、汕尾 4 个地级市，位于广东省东部沿海，是广东省的"东大门"。在这 4 个城市中，排名上升的城市仅有揭阳，由最后 1 位上升到第 17 位，排名上升 4 个位次。排名下降的城市有3个,其中汕头2019年较2017年排名下降1位,排第15位;潮州排名下降2位,排第19位;汕尾排名下降4位,排第20位。

广东省西翼是指湛江、茂名和阳江三市,相较于2017年,湛江市的排名上升3个位次,排第16位。茂名和阳江排名均有所下降,茂名市排名下降5个位次,排第14位;而阳江市排名下降1个位次,在全省排名垫底。

广东省山区五市是指韶关、梅州、清远、河源和云浮,其中排名最靠前的是韶关市,排第9位,处于广东省中上游水平;云浮市排名上升幅度较大,由2017年的第18位上升到2019年的第13位,上升5个位次;梅州市排名下降3个位次,2019年排第18位,创新能力有待加强(表3-2)。

表3-2 区域内各市创新能力排名比较

区域	城市	2019年	2017年
珠江三角洲	广州	2	2
	深圳	1	1
	珠海	3	3
	佛山	5	5
	惠州	7	7
	东莞	4	4
	中山	6	6
	江门	8	8
	肇庆	11	12
东翼	汕头	15	14
	潮州	19	17
	揭阳	17	21
	汕尾	20	16
西翼	湛江	16	19
	茂名	14	9
	阳江	21	20
山区	韶关	9	13
	梅州	18	15
	清远	10	10
	河源	12	11
	云浮	13	18

从一级指标看，2019年深圳市投入效用值为100.00，排全省首位，远高于其他地区，珠海市、佛山市分列第2位、第3位，广州市和惠州市紧随其后；产出指标最高的也是深圳，效用值为98.34，东莞市、珠海市分列第2位、第3位，惠州市、广州市紧随其后；产业升级方面，深圳市依然排第1位，效用值为83.01，广州市、佛山市分列第2位、第3位，东莞市、珠海市紧随其后；产业创新环境方面，广州市排第1位，效用值为71.96，深圳市、珠海市分列第2位、第3位，中山市、湛江市紧随其后。总体来看，深圳市创新能力遥遥领先于其他地区（表3-3）。

表3-3 2019年广东省各市创新能力综合指标

地区	综合值		投入		产出		产业升级		产业创新环境	
	效用值	排名	效用值	排名	效用值	排名	效用值	排名	效用值	排名
权重	1		0.25		0.3		0.2		0.25	
广州	57.11	2	55.61	4	33.55	5	75.78	2	71.96	1
深圳	87.64	1	100.00	1	98.34	1	83.01	1	66.15	2
珠海	44.52	3	63.96	2	36.93	3	43.79	5	34.78	3
汕头	15.61	15	14.47	11	8.16	15	33.42	11	11.44	18
佛山	36.54	5	55.87	3	20.40	6	46.44	3	28.67	7
韶关	19.97	9	23.55	9	6.85	16	31.89	12	22.59	10
河源	16.17	12	1.46	21	14.77	9	31.60	13	20.23	12
梅州	13.80	18	2.33	19	11.13	12	24.79	18	19.68	14
惠州	29.69	7	44.65	5	33.64	4	15.60	20	21.26	11
汕尾	7.93	20	2.11	20	12.67	10	17.54	19	0.36	21
东莞	41.04	4	42.88	7	44.72	2	45.14	4	31.50	6
中山	31.40	6	44.03	6	19.69	7	30.68	14	33.38	4
江门	26.66	8	38.69	8	18.20	8	34.06	10	18.88	15
阳江	6.45	21	3.87	16	0.05	21	5.35	21	17.59	17
湛江	15.49	16	2.49	18	4.88	18	27.61	17	31.53	5
茂名	15.65	14	4.85	15	1.29	20	37.56	9	26.17	8
肇庆	18.33	11	16.10	10	8.24	14	28.99	15	24.15	9
清远	18.95	10	11.32	12	11.78	11	37.67	8	20.22	13
潮州	11.84	19	6.05	14	6.70	17	28.38	16	10.55	19
揭阳	13.82	17	9.49	13	4.68	19	40.67	6	7.65	20
云浮	16.09	13	3.71	17	8.45	13	39.85	7	18.60	16

3.2 投入指标排名

本报告中,我们将区域创新能力分解为投入、产出、产业升级和产业创新环境4个指标,上文已经对各市一级指标排名情况进行了分析,下面对各市二级指标排名情况进行分析。表3-4反映了2019年各市投入指标下二级指标的排名情况。

表3-4 2019年广东省各市投入具体指标排名

地区	投入	全社会R&D经费支出与GDP之比	每万名就业人员中R&D人员数量	规模以上工业企业研发经费支出占主营业务收入比重	地方财政科技拨款占地方财政支出比重
广州	4	4	5	4	3
深圳	1	1	1	1	1
珠海	2	2	2	2	5
汕头	11	11	10	10	13
佛山	3	5	6	9	2
韶关	9	9	9	5	10
河源	21	19	16	21	16
梅州	19	21	21	20	15
惠州	5	6	3	6	6
汕尾	20	16	20	19	21
东莞	7	3	4	7	8
中山	6	8	7	8	4
江门	8	7	8	3	7
阳江	16	18	18	18	14
湛江	18	17	19	17	19
茂名	15	15	15	14	20
肇庆	10	10	11	11	9
清远	12	13	12	13	11
潮州	14	14	13	15	17
揭阳	13	12	14	12	18
云浮	17	20	17	16	12

从表 3-4 可以看出，在 2019 年的投入指标排名中，深圳市排第 1 位，珠海市排第 2 位，佛山市、广州市和惠州市分列第 3 位、第 4 位和第 5 位。下面对各项分指标的排名情况进行具体分析。

在全社会 R&D 经费支出与 GDP 之比方面，深圳市排第 1 位，珠海市、东莞市分列第 2 位和第 3 位，第 4 位到第 7 位的其他上位圈城市分别为广州市、佛山市、惠州市和江门市。全社会 R&D 经费支出与 GDP 之比的排名低于其投入排名 3 个位次及以上的地区为云浮市（20/17）[①]；全社会 R&D 经费支出与 GDP 之比的排名高于其投入排名 3 个位次及以上的地区为汕尾市（16/20）；其余地区的全社会 R&D 经费支出与 GDP 之比的排名与其投入排名差距小于 3 位。

在每万名就业人员中 R&D 人员数量方面，深圳市排第 1 位，珠海市、惠州市分列第 2 位和第 3 位，第 4 位到第 7 位的其他上位圈城市分别为东莞市、广州市、佛山市和中山市。每万名就业人员中 R&D 人员数量的排名低于其投入排名 3 个位次及以上的地区为佛山市（6/3）；每万名就业人员中 R&D 人员数量的排名高于其投入排名 3 个位次及以上的地区按名次差距大小依次为河源市（16/21）、东莞市（4/7）；其余地区的每万名就业人员中 R&D 人员数量的排名与其投入排名差距小于 3 位。

在规模以上工业企业研发经费支出占主营业务收入比重方面，深圳市排第 1 位，珠海市和江门市分列第 2 位和第 3 位，第 4 位到第 7 位的其他上位圈城市分别为广州市、韶关市、惠州市与东莞市。规模以上工业企业研发经费支出占主营业务收入比重的排名低于其投入排名 3 个位次及以上的地区为佛山市（9/3）；规模以上工业企业研发经费支出占主营业务收入比重的排名高于其投入排名 3 个位次及以上的地区按名次差距大小依次为江门市（3/8）和韶关市（5/9）；其余地区的规模以上工业企业研发经费支出占主营业务收入比重的排名与其投入排名差距小于 3 位。

在地方财政科技拨款占地方财政支出比重方面，深圳市排第 1 位，佛山市、广州市分别列第 2 位和第 3 位，第 4 位到第 7 位的其他上位圈城市分别为中山市、珠海市、惠州市和江门市。地方财政科技拨款占地方财政支出比重的排名低于其投入排名 3 个位次及以上的地区按名次差距大小依次为茂名市（20/15）、揭阳市（18/13）、珠海市（5/2）和潮州市（17/14）；地方财政科技拨款占地方财政支出比重的排名高于其投入排名 3 个位次及以上的地区按名次差距大小依次为河源市（16/21）、云浮市（12/17）和梅州市（15/19）；其余地区的地方财政科技拨款占地方财政支出比重的排名与其投入排名差距小于 3 位。

3.3 产出指标排名

表 3-5 反映了 2019 年广东省各市产出指标下二级指标的排名情况。

---

① 注：括号内数字分别表示相应指标排名，全书同。

表 3-5 2019 年广东省各市产出具体指标排名

地区	产出	万人有效发明专利拥有量	PCT专利申请数占全省PCT专利申请量的比重	高技术制造业增加值占规模以上工业比重	新产品销售收入占主营业务收入比重	形成国家或行业标准数
广州	5	3	3	9	5	2
深圳	1	1	1	1	2	1
珠海	3	2	5	5	6	5
汕头	15	9	11	17	13	8
佛山	6	5	4	16	9	3
韶关	16	11	20	15	15	12
河源	9	15	18	4	17	16
梅州	12	18	16	7	11	18
惠州	4	7	6	2	3	9
汕尾	10	16	13	6	10	21
东莞	2	4	2	3	1	4
中山	7	6	7	8	7	6
江门	8	8	8	12	4	7
阳江	21	19	14	21	21	20
湛江	18	14	15	20	16	15
茂名	20	20	12	19	20	19
肇庆	14	10	10	13	14	14
清远	11	12	9	18	8	11
潮州	17	13	21	14	18	13
揭阳	19	21	17	11	19	10
云浮	13	17	19	10	12	17

表 3-5 中可以看出，在 2019 年的产出指标排名中，深圳市排第 1 位，东莞市排第 2 位，珠海市、惠州市和广州市分列第 3 位、第 4 位和第 5 位。下面对各项分指标的排名情况进行具体分析。

在万人有效发明专利拥有量方面，深圳市排第 1 位，珠海市、广州市分列第 2 位和第 3 位，第 4 位到第 7 位的其他上位圈城市分别为东莞市、佛山市、中山市和惠州市。万人有效发明专利拥有量的排名低于其产出排名 3 个位次及以上的地区按名次差距大小依次为河源市（15/9）、梅州市（18/12）、汕尾市（16/10）、云浮市（17/13）和惠州市（7/4）；万人有效发明专利拥有量的排名高于其产出排名 3 个位次及以上的地区按名次差距大小依次为汕头市（9/15）、韶关市（11/16）、湛江市（14/18）、肇庆市（10/14）和潮州市（13/17）；其余地区的万人有效发明专利拥有量的排名与其产出排名差距小于 3 位。

在 PCT 专利申请数占全省 PCT 专利申请量的比重方面，尽管各市发力追赶导致深圳市 PCT 专利申请数占全省比重呈下降趋势，但从比值上看，深圳市依然独占鳌头，PCT 申请比例占全省 70.61%，东莞市、广州市别列第 2 位和第 3 位，第 4 位到第 7 位的其他上位圈城市分别为佛山市、珠海市、惠州市和中山市。PCT 专利申请数占全省 PCT 专利申请量的比重的排名低于其产出排名 3 个位次及以上的地区按名次差距大小依次为河源市（18/9）、云浮市（19/13）、韶关市（20/16）、梅州市（16/12）、潮州市（21/17）和汕尾市（13/10）；PCT 专利申请数占全省 PCT 专利申请量的比重的排名高于其产出排名 3 个位次及以上的地区按名次差距大小依次为茂名市（12/20）、阳江市（14/21）、汕头市（11/15）、肇庆市（10/14）和湛江市（15/18）；其余地区的 PCT 专利申请数占全省 PCT 专利申请量的比重的排名与其产出排名差距小于 3 位。

在高技术制造业增加值占规模以上工业比重方面，深圳市排第 1 位，惠州市、东莞市分列第 2 位和第 3 位，第 4 位到第 7 位的其他上位圈城市分别为河源市、珠海市、汕尾市和梅州市。高技术制造业增加值占规模以上工业比重的排名低于其产出排名 3 个位次及以上的地区按名次差距大小依次为佛山市（16/6）、清远市（18/11）、广州市（9/5）和江门市（12/8）；高技术制造业增加值占规模以上工业比重的排名高于其产出排名 3 个位次及以上的地区按名次差距大小依次为揭阳市（11/19）、河源市（4/9）、梅州市（7/12）、汕尾市（6/10）、潮州市（14/17）和云浮市（10/13）；其余地区的高技术制造业增加值占规模以上工业比重的排名与其产出排名差距小于 3 位。

在新产品销售收入占主营业务收入比重方面，东莞市排第 1 位，深圳市、惠州市分列第 2 位和第 3 位，第 4 位到第 7 位的其他上位圈城市分别为江门市、广州市、珠海市和中山市。新产品销售收入占主营业务收入比重的排名低于其产出排名 3 个位次及以上的地区按名次差距大小依次为河源市（17/9）、珠海市（6/3）和佛山市（9/6）；新产品销售收入占主营业务收入比重的排名高于其产出排名 3 个位次及以上的地区按名次差距大小依次为江门市（4/8）和清远市（8/11）；其余地区的新产品销售收入占主营业务收入比重的排名与其产出排名差距小于 3 位。

在形成国家或行业标准数方面，深圳市排第 1 位，广州市、佛山市分列第 2 位和第 3 位，第 4 位到第 7 位的其他上位圈城市分别为东莞市、珠海市、中山市和江门市。形成国家或行业标准数的排名低于其产出排名 3 个位次及以上的地区按名次差距大小依次为汕尾市（21/10）、河源市（16/9）、梅州市（18/12）、惠州市（9/4）和云浮市（17/13）；形成国家或行业标准数的排名高于其产出排名 3 个位次及以上的地区按名次差距大小依次为揭阳市（10/19）、汕头市（8/15）、潮州市（13/17）、韶关市（12/16）、广州市（2/5）、佛山市（3/6）和湛江市（15/18）；其余地区形成国家或行业标准数的排名与其产出排名差距小于 3 位。

3.4 产业升级指标排名

表3-6反映了2019年广东省各市产业升级指标下二级指标的排名情况。

表3-6 2019年广东省各市产业升级具体指标排名

地区	产业升级	第三产业增加值占GDP比重	先进制造业增加值	单位GDP能耗增长速度
广州	2	1	2	4
深圳	1	2	1	6
珠海	5	4	6	10
汕头	11	13	10	12
佛山	3	19	3	1
韶关	12	5	16	16
河源	13	3	14	17
梅州	18	8	20	18
惠州	20	18	5	20
汕尾	19	12	17	19
东莞	4	17	4	2
中山	14	11	7	15
江门	10	10	8	13
阳江	21	16	19	21
湛江	17	15	11	14
茂名	9	14	9	5
肇庆	15	21	12	8
清远	8	7	15	11
潮州	16	20	18	9
揭阳	6	6	13	7
云浮	7	9	21	3

由表3-6可以看出，在2019年的产业升级指标排名中，深圳市排第1位，广州市排第2位，佛山市、东莞市和珠海市分列第3位、第4位和第5位。下面对各项分指标的排名情况进行具体分析。

在第三产业增加值占GDP比重方面,广州市排第1位,深圳市、河源市分列第2位和第3位,第4位到第7位的其他上位圈城市分别为珠海市、韶关市、揭阳市和清远市。第三产业增加值占GDP比重的排名低于其产业升级排名3个位次及以上的地区按名次差距大小依次为佛山市(19/3)、东莞市(17/4)、肇庆市(21/15)、茂名市(14/9)和潮州市(20/16);第三产业增加值占GDP比重的排名高于其产业升级排名3个位次及以上的地区按名次差距大小依次为河源市(3/13)、梅州市(8/18)、韶关市(5/12)、汕尾市(12/19)、阳江市(16/21)和中山市(11/14);其余地区的第三产业增加值占GDP比重的排名与其产业升级排名差距小于3位。

在先进制造业增加值方面,深圳市排第1位,广州市、佛山市分列第2位和第3位,第4位到第7位的其他上位圈城市分别为东莞市、惠州市、珠海市和中山市。先进制造业增加值的排名低于其产业升级排名3个位次及以上的地区按名次差距大小依次为云浮市(21/7)、清远市(15/8)、揭阳市(13/6)和韶关市(16/12);先进制造业增加值的排名高于其产业升级排名3个位次及以上的地区按名次差距大小依次为惠州市(5/20)、中山市(7/14)、湛江市(11/17)和肇庆市(12/15);其余地区先进制造业增加值的排名与其产业升级排名差距小于3位。

在单位GDP能耗增长速度方面,佛山市排第1位,东莞市、云浮市分列第2位和第3位,第4位到第7位的其他上位圈城市分别为广州市、茂名市、深圳市和揭阳市。单位GDP能耗增长速度的排名低于其产业升级排名3个位次及以上的地区按名次差距大小依次为深圳市(6/1)、珠海市(10/5)、韶关市(16/12)、河源市(17/13)、江门市(13/10)和清远市(11/8);单位GDP能耗增长速度的排名低于其产业升级排名3个位次及以上的地区按名次差距大小依次为肇庆市(8/15)、潮州市(9/16)、茂名市(5/9)、云浮市(3/7)和湛江市(14/17);其余地区单位GDP能耗增长速度的排名与其产业升级排名差距小于3位。

3.5 产业创新环境排名

表3-7反映了2019年广东省各市产业创新环境指标下二级指标的排名情况。

表3-7 2019年广东省各市产业创新环境具体指标排名

地区	产业创新环境	高校和科研院所研发支出来自企业的比例	全员劳动生产率	科研机构数	每千人拥有的企业数	获得风险投资金额
广州	1	9	4	1	3	2
深圳	2	11	6	2	1	1
珠海	3	16	7	7	2	3
汕头	18	17	14	12	13	8
佛山	7	13	5	5	6	5

续表

地区	产业创新环境	高校和科研院所研发支出来自企业的比例	全员劳动生产率	科研机构数	每千人拥有的企业数	获得风险投资金额
韶关	10	5	8	6	12	14
河源	12	2	18	8	15	12
梅州	14	7	11	11	18	15
惠州	11	14	16	3	7	7
汕尾	21	21	21	20	20	21
东莞	6	12	19	4	4	4
中山	4	1	20	14	5	6
江门	15	8	13	13	8	10
阳江	17	19	3	21	10	18
湛江	5	10	1	9	16	13
茂名	8	18	2	15	11	19
肇庆	9	3	10	10	14	11
清远	13	6	12	16	9	9
潮州	19	15	17	19	17	17
揭阳	20	20	9	17	21	16
云浮	16	4	15	18	19	20

在高校和科研院所研发支出来自企业的比例方面，中山市排第1位，河源市、肇庆市分列第2位和第3位，第4位到第7位的其他上位圈城市分别为云浮市、韶关市、清远市和梅州市。高校和科研院所研发支出来自企业的比例的排名低于其产业创新环境排名3个位次及以上的地区按名次差距大小依次为珠海市（16/3）、茂名市（18/8）、深圳市（11/2）、广州市（9/1）、佛山市（13/7）、东莞市（12/6）、湛江市（10/5）和惠州市（14/11）；高校和科研院所研发支出来自企业的比例的排名高于其产业创新环境排名3个位次及以上的地区按名次差距大小依次为云浮市（4/16）、河源市（2/10）、梅州市（7/14）、江门市（8/15）、清远市（6/13）、肇庆市（3/9）、潮州市（15/19）、韶关市（5/10）和中山市（1/4）；其余地区高校和科研院所研发支出来自企业的比例的排名与其产业创新环境排名差距小于3位。

在全员劳动生产率方面，湛江市排第1位，茂名市、阳江市分列第2位和第3位，第4位到第7位的其他上位圈城市分别为广州市、佛山市、深圳市和珠海市。全员劳动生产率的排名低于其产业创新环境排名3个位次及以上的地区按名次差距大小依次为中山市（20/4）、东莞市（19/6）、河源市（18/12）、惠州市（16/11）、深圳市（6/2）、珠海市（7/3）和广州市（4/1）；全员劳动生产率的排名高于其产业创新环境排名3个位次及以上的地区按名次差距大小依次为阳江市（3/17）、揭阳市（9/20）、茂名市（2/8）、汕头市（14/18）、湛江市（1/5）和梅州市（11/14）；其余地区全员劳动生产率的排名与其产业创新环境排名差距小于3位。

在科研机构数方面，广州市排第1位，深圳市、惠州市分列第2位和第3位，第4位到第7位的其他上位圈城市分别为东莞市、佛山市、韶关市和珠海市。科研机构数的排名低于其产业创新环境排名3个位次及以上的地区按名次差距大小依次为中山市（14/4）、茂名市（15/8）、珠海市（7/3）、阳江市（21/17）、湛江市（9/5）和清远市（16/13）；科研机构数的排名高于其产业创新环境排名3个位次及以上的地区按名次差距大小依次为惠州市（3/11）、汕头市（12/18）、韶关市（6/10）、河源市（8/12）、梅州市（11/14）和揭阳市（17/20）；其余地区科研机构数的排名与其产业创新环境排名差距小于3位。

在每千人拥有的企业数方面，深圳市排第1位，珠海市、广州市分列第2位和第3位，第4位到第7位的其他上位圈城市分别为东莞市、中山市、佛山市和惠州市。每千人拥有的企业数的排名低于其产业创新环境排名3个位次及以上的地区按名次差距大小依次为湛江市（16/5）、肇庆市（14/9）、梅州市（18/14）、河源市（15/12）、茂名市（11/8）和云浮市（19/16）；每千人拥有的企业数的排名高于其产业创新环境排名3个位次及以上的地区按名次差距大小依次为江门市（8/15）、阳江市（10/17）、汕头市（13/18）、惠州市（7/11）和清远市（9/13）；其余地区每千人拥有的企业数的排名与其产业创新环境排名差距小于3位。

在获得风险投资金额方面，深圳市排第1位，广州市、珠海市分列第2位和第3位，第4位到第7位的其他上位圈城市分别为东莞市、佛山市、中山市和惠州市。获得风险投资金额的排名低于其产业创新环境排名3个位次及以上的地区按名次差距大小依次为茂名市（19/8）、湛江市（13/5）、韶关市（14/10）和云浮市（20/16）；获得风险投资金额的排名高于其产业创新环境排名3个位次及以上的地区按名次差距大小依次为汕头市（8/18）、江门市（10/15）、惠州市（7/11）、清远市（9/13）和揭阳市（16/20）；其余地区获得风险投资金额的排名与其产业创新环境排名差距小于3位。

3.6 排名幅度变化较大地区

3.6.1 云浮市（18→13）[①]

2019年云浮市创新能力全省排第13位，相比2017年排名上升5位，创新能力提升效果显著，分项指标排名如表3-8所示。对分项指标进行分析，投入排第17位，下降2位；产出排第13位，提升5位；产业升级排第7位，提升7位；产业创新环境排第16位，提升4位。

---

① 注：表示排名变化情况，全书同。

表 3-8　2017—2019 年云浮市创新能力排名变化

年份	综合排名	投入	产出	产业升级	产业创新环境
2017	18	15	18	14	20
2018	20	16	17	13	20
2019	13	17	13	7	16

从基础指标看，投入方面，2019 年较 2017 年，云浮市全社会 R&D 经费支出与 GDP 之比不升反降，在研发投入强度上有很大的改善空间。产出方面，云浮市整体情况较好，特别是新产品销售收入占主营业务收入比重由 5.04% 增长到 14.2%，增长了 182%，使得产出排名明显提升。产业升级方面，云浮市单位 GDP 能耗增长速度下降明显，有助于产业升级排名大幅提升。产业创新环境方面，尽管云浮市排名上升，但连续 3 年获得风险投资金额均为 0，应该在招商引资上面下更大的力度。综合而言，云浮市创新产出、产业升级和产业创新环境改善的工作成效显著，大幅带动了整体创新能力的提升，下一步应在保持当前良好态势的前提下，加大创新研发的投入力度。

3.6.2　韶关市（13→9）

2019 年韶关市创新能力全省排第 9 位，相比 2017 年排名上升 4 位，创新能力提升较为明显，分项指标排名如表 3-9 所示。对分项指标进行分析，投入排第 9 位，连续三年没有变动；产出排第 16 位，较 2017 年下降 1 位；产业升级排第 12 位，提升 4 位；产业创新环境排第 10 位，提升 4 位。

表 3-9　2017—2019 年韶关市创新能力排名变化

年份	综合排名	投入	产出	产业升级	产业创新环境
2017	13	9	15	16	14
2018	10	9	14	11	8
2019	9	9	16	12	10

从基础指标看，投入方面，2019 年较 2017 年，云浮市全社会 R&D 经费支出与 GDP 之比、每万名就业人员中 R&D 人员数量、规模以上工业企业研发经费支出占主营业务收入比重、地方财政科技拨款占地方财政支出比重四个指标的实际值均有所增加，但是在全省排名波动不大，导致连续三年投入排名未发生变化。产出方面，韶关市的专利产出情况、高技术制造业增加值占规模以上工业比重、新产品销售收入占主营业务收入比重在全省排名均属于后半段，导致产出排名整体较为落后且下降 1 位。产业升级方面，韶关市第三产业增加值占 GDP 比重这一指标排名较为靠

前,有助于提升产业升级情况的排名。产业创新环境方面,韶关市校企合作较为紧密,2019年高校和科研院所研发支出来自企业的比例为15.79%,排第5位;全员劳动生产率、科研机构数排名都较为靠前,因而产业创新环境的排名有了较大提升。综合而言,韶关市产业升级和产业创新环境改善的工作成果显著,带动了全市创新能力的整体提升,下一步应在保持当前创新投入的趋势下,增加创新成果产出。

3.6.3 揭阳市(21→17)

2019年揭阳市创新能力全省排第17位,相比2017年排名上升4位,创新能力提升较为明显,分项指标排名如表3-10所示。对分项指标进行研究,投入排第13位,上升7位;产出排第19位,下降2位;产业升级排第6位,提升13位;产业创新环境排名落后,第20位,下降1位。

表3-10 2017—2019年揭阳市创新能力排名变化

年份	综合排名	投入	产出	产业升级	产业创新环境
2017	21	20	17	19	19
2018	17	13	15	12	18
2019	17	13	19	6	20

从基础指标看,投入方面,揭阳市全社会R&D经费支出与GDP之比增长较快,由2017年的0.67增长为2019年的0.95,增长约40%,对其投入排名的提升做了较大贡献。产出方面,揭阳市的排名较为落后,特别是万人有效发明专利拥有量仅为1.02,与茂名市并列排在全省最后一位,这也导致产出总排名落后,仅为第19位。产业升级方面,揭阳市进步非常明显,第三产业增加值占GDP比重由39.6%增长到52.1%;单位GDP能耗增长速度由正转负,从增长变为下降,因而产业升级排名大幅提升。产业创新环境方面,揭阳市的排名较为落后,主要体现在产学研合作方面,高校和科研院所研发支出来自企业的比例及每千人拥有的企业数两个指标均在全省排名最后。总体来看,揭阳市创新能力有了较大改善,从全省的最后一名上升4个位次,主要是依赖于创新投入和产业升级方面的工作,下一步一方面要促进创新成果产出;另一方面可以从加强产学研合作入手改善产业创新环境。

3.6.4 茂名市(9→14)

2019年茂名市创新能力全省排第14位,相比2017年排名下降5位,分项指标排名如表3-11所示。对分项指标进行分析,投入排第15位,上升1位;产出排第20位,排名不变;产业升级排第9位,提升2位;产业创新环境依然排第8位,下降5个位次。

表 3-11 2017—2019 年茂名市创新能力排名变化

年份	综合排名	投入	产出	产业升级	产业创新环境
2017	9	16	20	11	3
2018	11	18	21	16	3
2019	14	15	20	9	8

从基础指标看，投入方面，2019 年茂名市除地方财政科技拨款占地方财政支出比重这一指标的实际值有所增加外，全社会 R&D 经费支出与 GDP 之比、每万名就业人员中 R&D 人员数量、规模以上工业企业研发经费支出占主营业务收入比重三个指标的实际值均有所下降，这也导致投入的整体排名下降。产出方面，2019 年，尽管茂名市万人有效发明专利拥有量、PCT 专利申请数占全省 PCT 专利申请量的比重及新产品销售收入占主营业务收入比重三个指标的实际值有所增加，但产出情况在全省排名依然落后，排第 20 位。产业升级方面，尽管先进制造业增加值有所下降，但第三产业增加值占 GDP 比重、单位 GDP 能耗增长速度这两个指标都得到明显改善，使得茂名市产业升级排名上升。产业创新环境方面，茂名市下降较为明显，高校和科研院所研发支出来自企业的比例由 2017 年的 38.86% 降为 2019 年的 4.91%；获得风险投资金额由 2017 年的 310 万元下降为 0，导致了茂名市创新环境排名的大幅下滑。可以看出，茂名市产业升级工作取得一定成效，创新投入和创新产出均有较大改善空间，产业创新环境一直是茂名市的优势，但近两年有所下滑，下一步应持续改善产业创新环境，保持原有优势的前提下，加大创新投入，促进创新产出，带动产业升级。

3.6.5 汕尾市（16→20）

2019 年汕尾市创新能力全省排第 20 位，相比 2017 年排名下降 4 位，分项指标排名如表 3-12 所示。对分项指标进行研究，投入排第 20 位，下降 9 位；产出排第 10 位，下降 1 位；产业升级排第 19 位，下降 2 位；产业创新环境依然排名最后，第 21 位。

表 3-12 2017—2019 年汕尾市创新能力排名变化

年份	综合排名	投入	产出	产业升级	产业创新环境
2017	16	11	9	17	21
2018	15	12	8	17	21
2019	20	20	10	19	21

从基础指标看，投入方面，2019 年较 2017 年，汕尾市全社会 R&D 经费支出与 GDP 之比、每万名就业人员中 R&D 人员数量、规模以上工业企业研发经费支出占主营业务收入比重、地方财政

科技拨款占地方财政支出比重均出现不同程度的下降，特别是每万名就业人员中 R&D 人员数量由 17.22 降为 9.71，下降了近一半，导致汕尾市投入指标排名大幅下降。产出方面，汕尾市排名居中且相对稳定。产业升级方面，2019 年汕尾市单位 GDP 能耗增长速度为正，能源消耗的增速不降反增，导致产业升级排名下滑。产业创新环境方面，汕尾市连续 3 年排全省最后一位，高校和科研院所研发支出来自企业的比例、全员劳动生产率、科研机构数、每千人拥有的企业数及获得风险投资金额都亟须改善。综合而言，汕尾市在创新投入、创新产出、产业升级和产业创新环境 4 个方面都有不同程度的下降，导致汕尾市创新能力综合排名下降 4 个位次。下一步，汕尾市应在保持投入、产出排名全省中位圈的前提下，改善产业创新环境，推动产业转型升级。

第 4 章 区域创新能力评价的方法与意义

4.1 区域创新能力评价的意义

自 20 世纪 90 年代以来，区域创新体系逐渐受到学者的关注[①]。从理论上讲，在丰富创新系统理论体系的同时，它还有自身的重要意义。首先，区域创新体系的研究将创新的变量延伸到空间的维度，使创新体系有了地理的内涵，丰富了国家创新体系的研究内容；其次，区域创新体系让创新资源配置中的区域极化与均衡成为一个重要的研究命题；最后，区域创新体系的研究为各级政府对创新的政策支持、规制模式等相关研究提供了多样性的支撑。

从现实意义上讲，区域创新能力的评价，一方面，可以为广东省政府提供协调区域发展的新模式，为创新提供更多更大的空间；另一方面，也可以为地方政府推动当地经济工作提供新的思路，更加突出创新在区域发展中的地位，发挥地方政府在产业升级和经济发展方式转变中的能动作用。

4.2 评价体系与分析框架

在本报告中，一个地区的创新能力是指该地区创新能力与其他地区的相对排名，不是该地区创新能力的直接衡量。评价一个地区的创新能力，需要一套较好的指标。指标的选取、指标的数量、权重的选取及指标中主观与客观指标的比例，都影响到最终创新能力的排名。因此，我们在指标选取、评价方法等多个方面都非常谨慎，本报告借鉴了包括《世界竞争力年鉴》《全球竞争力报告》《全球创新指数报告》《国家创新指数报告》在内的诸多国内外知名报告，采用了《中国区域创新能力评价报告》的指标评价方法，并根据广东省创新体系的特征进行了适当的调整。

4.2.1 评价原则

第一，框架必须考虑区域创新体系建设情况，即强调研发机构、企业、政府等创新要素的网

[①] COOKE P, URANGA MG, ETXEBARRIA G. Regional innovation systems: Institutional and organisational dimensions [J]. Research policy, 1997 (26): 475-491.

络化，把知识在几个要素间流动的程度作为衡量区域技术创新系统化的关键，同时也结合考虑数据可得性。

第二，框架必须考虑区域科技创新的链条建设。强调链条，首先是因为在大多数情况下，技术创新先是来自一个创新的思想、发明或科技突破，其中大学、科研院所的知识创造活动是重要的创新来源。其次，有了很强的知识创造活动，不等于该地区就有较强的创新能力，科技实力强不等于技术创新能力强，许多地区没有较强的科技基础，但仍然有很高的技术创新能力。问题的关键是能否有效地利用全球范围内的各种知识为本地区的创新服务。因此，必须考虑知识流动或技术转移的能力。最后，技术创新的主体是企业，而不是科研部门或高校。因此，一个地区技术创新能力的高低关键是看企业有没有足够的创新动力和创新能力。我们在考察企业的技术创新能力时，注重引入创新链条来进行评价。因此，与已有的科技竞争力评价体系不同的是，本报告的指标框架强调企业是技术创新主体这一价值判断。

第三，框架强调创新环境建设的重要性。在市场经济体系下，衡量地方政府工作的重要内容不是传统的计划和干预的多少，而是如何创造一个有利于企业创新的环境。因为政府远离市场，不能直接指导企业的技术创新流动，其职能调整的关键就是从依赖计划转向创造创新环境来推动企业的技术创新。

4.2.2 指标体系

依据上述原则，我们提出了如表 4-1 所示的广东省创新能力评价指标体系，包括 4 个一级指标，17 个二级指标。一级指标包括投入、产出、产业升级和产业创新环境。其中投入用来衡量地区对创新的投入和重视程度；产出指标用来衡量地区投入之后所获得的创新成果；产业升级用来衡量地区新旧转型的能力；产业创新环境用来衡量创新主体所处环境对创新活动的支持能力。

表 4-1 广东省创新能力指标体系

一级指标	二级指标	一级指标	二级指标
1. 投入	1.1 全社会 R&D 经费支出与 GDP 之比	3. 产业升级	3.1 第三产业增加值占 GDP 比重
	1.2 每万名就业人员中 R&D 人员数量		3.2 先进制造业增加值
	1.3 规模以上工业企业研发经费支出占主营业务收入比重		3.3 单位 GDP 能耗增长速度
	1.4 地方财政科技拨款占地方财政支出比重		

续表

一级指标	二级指标	一级指标	二级指标
2. 产出	2.1 万人有效发明专利拥有量	4. 产业创新环境	4.1 高校和科研院所研发支出来自企业的比例
	2.2 PCT专利申请数占全省PCT专利申请量的比重		4.2 全员劳动生产率
	2.3 高技术制造业增加值占规模以上工业比重		4.3 科研机构数
	2.4 新产品销售收入占主营业务收入比重		4.4 每千人拥有的企业数
	2.5 形成国家或行业标准数		4.5 获得风险投资金额

4.2.3 评价方法

《广东省创新能力评价报告》采用《中国区域创新能力报告》的评价方法——加权综合评价法，基础指标无量纲化后，用专家打分得到的权重，分层逐级综合，最后得出每个地级市创新能力的综合效用值。

单一指标采用直接获取的区域数据来表示，在无量纲化处理时采用效用值法，效用值规定的值域是[0, 100]，即该指标下最优值的效用值为100，最差值的效用值为0，计算方法如下：

如设 i 表示第 i 项指标，j 表示第 j 个区域；

x_{ij} 表示 i 指标 j 区域的指标获取值；

y_{ij} 表示 i 指标 j 区域的指标效用值；

$x_{i\max}$ 表示该指标的最大值；

$x_{i\min}$ 表示该指标的最小值。

（1）正效指标

$$y_{ij} = \frac{x_{ij} - x_{i\min}}{x_{i\max} - x_{i\min}} \text{。} \quad (4-1)$$

正效指标是指该项指标其值越大，效用值越高，如劳动生产率、人均GDP、发明专利数等。

（2）负效指标

负效指标是指该指标其值越大，则效用值越低，如单位GDP能耗增长速度，对这类指标的处理应采用如下方法。

$$y_{ij} = \frac{x_{i\max} - x_{ij}}{x_{i\max} - x_{i\min}} \text{。} \quad (4-2)$$

（3）权重选取

采用专家事先打分法来解决权重的选择。这种选择带有一定的主观性，但这一方法是国际上普遍采用的方法，我们聘请的专家都在国内科技政策管理研究方面有较深的造诣，他们对国外类似报告也都有深入的了解。

（4）加权综合

加权计算是分层逐级进行的，以图4-1为例说明：

a、b、c分别表示分层；

$f(a)$、$f(b)$、$f(c)$分别表示其权重；

$x(a, i)$、$x(b, i)$、$x(c, i)$分别表示分层分区域的指标效用值，则计算时从右向左进行。

如计算b_i的指标值（加权效用值）。设$x(b_i, i)$是区域i在b_i指标下的综合效用值；$x(c_i, i)$是区域i在c_i指标下的效用值。那么

$x(b_1, i) = x(c_1, i)f(c_1) + x(c_2, i)f(c_2) + x(c_3, i)f(c_3) + \cdots\cdots$

以此类推，求出$x(b_2, i)$，$x(b_3, i)$，……

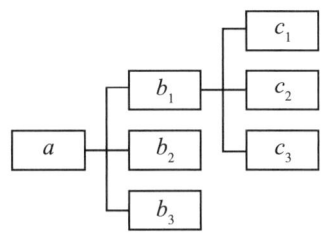

图4-1 指标体系示意

4.2.4 数据来源

为了保证研究的可检验性，本报告的数据均来源于公开出版的统计年鉴和政府工作报告，主要包括《广东统计年鉴》、《中国火炬统计年鉴》、21个地市统计年鉴、《广东科技统计数据》、《广东省科技经费投入公报》、21个地市国民经济和社会发展统计公报、政府工作报告等。

第二篇
区域创新能力分地市报告

第5章 广东省各市创新能力分析

5.1 广州市

5.1.1 广州市创新现状描述

（1）国民经济综合发展概况

2019年，广州市地区生产总值23 628.60亿元，排省内第2位，同比增长6.8%，增速高出全国（6.1%）0.7个百分点、高出全省（6.2%）0.6个百分点，2009—2019年地区生产总值及占广东省比重情况如图5-1所示，近几年广州市地区生产总值占广东省比重有所下降，从2009年的23.18%下降到2019年的21.95%。2019年年末人口数为1530.59万人，人均地区生产总值为154 376元，低于深圳市和珠海市，排省内第3位。2019年年末就业人数1125.89万，仅次于深圳，占全省的15.75%；第三产业增加值16 923.23亿元，以全省28.32%的占比优势领跑；规模以上工业企业数5802家，占全省的10.47%，排全省第4位，少于深圳市、佛山市和东莞市。2019年，全市完成进出口总

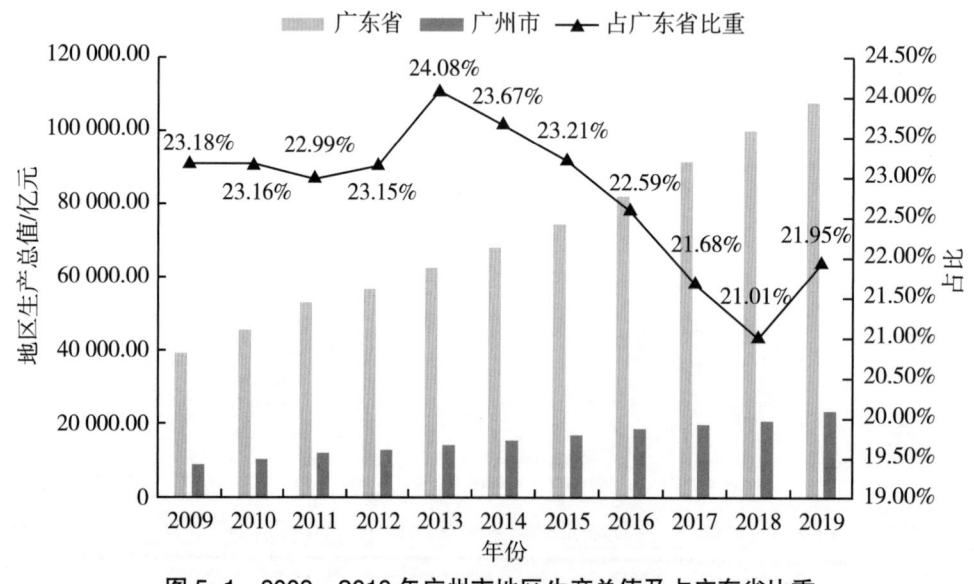

图5-1 2009—2019年广州市地区生产总值及占广东省比重

（资料来源：《广东统计年鉴2020》）

值9995.81亿元，增长1.9%，增幅低于全国（3.5%），高于全省（-0.3%）；其中，进、出口总值分别为4737.83亿元和5257.98亿元，分别增长12.7%和下降6.2%。总体看，2019年广州区域创新综合值为57.11，仅次于深圳，近年来广州市主要经济指标和深圳市交替位列全省第一，与深圳市同属于广东21地市的第一梯队城市。

（2）工业发展情况

广州市2019年全年工业增加值5722.94亿元，比上年增长4.8%，规模以上工业增加值4324.08亿元，增长2.72%。全年规模以上汽车制造业、电子产品制造业和石油化工制造业三大支柱产业工业总产值9975.53亿元，增长1.5%。高新技术产品产值占规模以上工业总产值比重达49%，同比提升1.0个百分点。全年规模以上汽车制造业、电子产品制造业和石油化工制造业三大支柱产业工业总产值增长1.5%，占全市规模以上工业总产值的51.4%。2019年广州市规模以上高技术制造业增加值增长21.0%。医药制造业等高技术制造业增加值增长情况如图5-2所示。

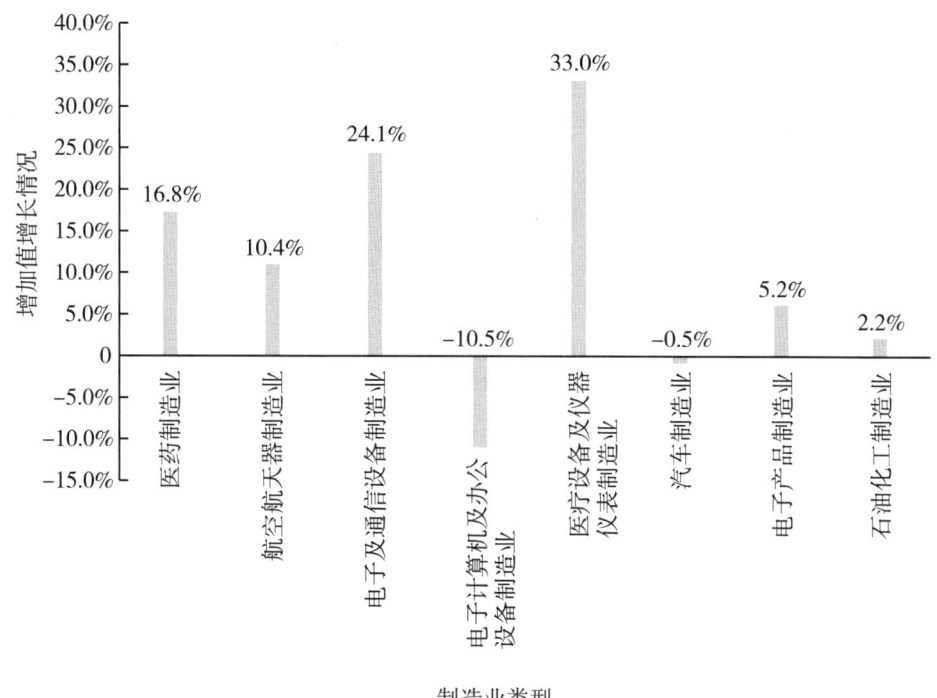

图5-2 2019年广州市高技术制造业增加值增长情况

（3）新经济发展情况

2019年，广州市坚持稳中求进工作总基调，全面聚焦高质量发展要求，加快构建现代产业体系，主动调结构促转型，扎实推进"六稳"工作，经济结构不断优化，新动能活力不断增强，全市经济运行总体平稳，稳中向好。随着创新驱动发展战略的不断深化落实，广州市新兴动能活力逐步释放，具体表现为：首先，工业新动能加快集聚，全市工业新旧动能接续转换，产业结构不断迈向高端化；其次，高端智能产品增长迅猛，规模以上高新技术产品产值占全市规模以上工业总产值的比重为49.0%，同比提升1.0个百分点。新能源汽车全年产量同比增长1.1倍，新一代信息技术产品产量增势良好，全市液晶显示屏产量同比增长12.5%，智能手表、智能手机等符合消费潮流的智能化产品产量分别增长2.4倍、2.2倍；最后，新模式新业态培育壮大，全市限额以上批发和零售业实物商品网上零售额实现同比增长12.9%，互联网和相关服务业、软件和信息技术服务业营业收入增长20.3%，保税物流新业态发展迅速，保税物流进出口总值达1120.6亿元，增长24.8%，占全市进出口比重达11.2%。

（4）科技发展情况

1）科技发展统计

在核心技术攻关方面，2019年，广州市承接省重点研发计划180项，占全省53%，在国家重点研发计划立项数为16项。获得国家自然科学基金委立项3043项，占全省73.8%。

在培育创新主体方面，2019年广州市新增省级新型研发机构18家，总量达到63家，总量及增量均为全省第一。全市共有国家重点实验室20家（占全省69%）、省重点实验室237家（占全省66%），共有科技企业孵化器368家、众创空间252家。32家孵化器、29家众创空间获得A类评价，均居全省第一，新认定10家国家级科技企业孵化器，数量居全国第一。

在创新产出方面，2019年，广州市财政科技经费支出243.95亿元，财政科技支出占本级财政支出比重达8.5%。2019年，广州市全年专利申请量为807 700件，较上年增长1.7%；专利授权5 227 389件，较上年增长10.3%，其中发明专利授权量为59 742件，较上年增长12.2%。

2）创新模式

广州市坚持落实《粤港澳大湾区发展规划纲要》中的定位和要求，遵循"科学发现、技术发明、产业发展、生态优化、人才支撑"全链条的创新发展规律，积极共建粤港澳大湾区国际科技创新中心，加快建设科技创新强市，推动科技创新赋能老城市新活力，在创新布局、原始创新、科技成果转化、企业创新和科技体制改革等方面取得明显成效。

在创新布局方面，广州市致力打造粤港澳大湾区综合性国家科学中心主要承载区，推动省级实验室建设及重大科技基础设施建设。在原始创新方面，广州市聚力关键核心技术攻关，实施重点领域研发计划，承接省重点研发计划和国家重点研发计划，突破了飞行时间质谱仪器、电磁屏蔽膜等一批关键技术。在科技成果转化方面，广州市技术合同成交额在2018年翻番的基础上，继续大幅增长77%。全年共认定登记技术合同21 074项，成交额1273.36亿元，其中技术交易额975.07亿元，三项数据均居全省首位。在企业创新方面，实施分层分类服务科技创新企业做优做强做大行动，持续抓好国家高新技术企业培育，推动高新技术企业树标提质，引导企业加大研发投入，践行"中小企业能办大事"，培育一批"高精尖特"科技企业。在科技体制改革方面，出台进一步加快促进科技创新政策措施、合作共建新型研发机构经费使用"负面清单"等全国领先的先行先试文件，完善"创、投、贷、融"科技金融服务生态圈。形成了"科学发现、技术发明、产业发展、生态优化、人才支撑"多点支撑的创新体系。

5.1.2 广州市创新能力评价

2019年，广州市创新能力综合值排全省第2位，与2018年持平（表5-1）。从指标分析结果可以看出，广州市2019年在投入和产出方面分别排第4位和第5位，均较2018年下降1位；产业升级方面排第2位，保持不变；产业创新环境方面排第1位，较2018年上升1位。

从具体指标来看，投入方面，全社会R&D经费支出与GDP之比排名有所下降，但地方财政科技拨款占地方财政支出比重排名上升。产出方面，各项指标较2018年保持稳定，高技术制造业增加值占规模以上工业比重排名上升1位。产业升级方面，第三产业增加值占GDP比重继续保持省内第1位，单位GDP能耗增长速度排名较2018年上升9位。产业创新环境方面，广东省2019年重回第1位，其中科研机构数排名省内最高，其他指标排名稳定。

表 5-1 广州市创新能力指标分析

指标名称	2018年综合指标		2019年综合指标	
	指标值	排名	指标值	排名
综合值	55.24	2	57.11	2
1 投入	54.65	3	55.61	4
1.1 全社会R&D经费支出与GDP之比	59.63	2	55.89	4
1.2 每万名就业人员中R&D人员数量	50.85	6	54.25	5
1.3 规模以上工业企业研发经费支出占主营业务收入比重	60.22	2	43.64	4
1.4 地方财政科技拨款占地方财政支出比重	47.89	5	68.67	3
2 产出	36.65	4	33.55	5
2.1 万人有效发明专利拥有量	34.55	3	36.26	3
2.2 PCT专利申请数占全省PCT专利申请量的比重	10.48	3	9.27	3
2.3 高技术制造业增加值占规模以上工业比重	19.19	10	20.31	9
2.4 新产品销售收入占主营业务收入比重	51.53	5	62.10	5
2.5 形成国家或行业标准数量	67.49	2	39.80	2
3 产业升级	63.15	2	75.78	2
3.1 第三产业增加值占GDP比重	100.00	1	100.00	1
3.2 先进制造业增加值	40.17	2	39.02	2
3.3 单位GDP能耗增长速度	81.28	13	88.33	4

续表

指标名称	2018年综合指标		2019年综合指标	
	指标值	排名	指标值	排名
4　产业创新环境	71.80	2	71.96	1
4.1　高校和科研院所研发支出来自企业的比例	31.17	9	47.70	9
4.2　全员劳动生产率	54.37	4	54.37	4
4.3　科研机构数	100.00	1	100.00	1
4.4　每千人拥有的企业数	72.66	3	73.41	3
4.5　获得风险投资金额	84.06	2	84.32	2

总体来看，广州市创新能力发展势头良好，多数指标稳居前列。应继续保持对科技和研发的重视，即加大全社会R&D经费的支出，以促进广州市创新能力的进一步提升，继续加大高技术制造业和先进制造业的转型发展，同时通过技术水平的提升来提高能源利用率，以推动经济和科技更高质量的发展。

5.1.3　广州市主要企业或行业创新活动分析

根据2019年广东省创新企业100强榜单来看，创新企业百强主要分布在广州和深圳两大城市，企业分布占近七成。其中，广州上榜企业占近三成，数量达到了32家，仅次于深圳的36家。

（1）广州汽车工业集团有限公司

广州汽车集团股份有限公司（简称"广汽集团"）成立于2005年，是大型国有控股股份制企业，总部位于广州市天河区珠江新城。目前拥有员工约10.3万人，广汽集团2019年排世界500强企业第189位，2019年排中国企业500强第48位，2019年汽车产量202万辆，合营、联营收入3551亿元。

创新广汽（IGA）活动是广汽集团及其下属投资企业的一项特色文化活动，英文全称是"Innovate Guangzhou Automobile"，以QC（质量控制）活动、改善提案、劳动竞赛、技术革新为主要活动内容，鼓励员工参与改善和创新。各企业层层选拔出优秀代表队，参加每年11月举行的"创新广汽（IGA）成果发表会"。IGA活动创立15年来，累计QC参与人数近55.8万人次，共产生改善提案近489万条，创造直接经济效益超81亿元。

IGA活动具有五个"最"，即广汽集团持续时间最长、参与范围最广、活动规模最大、节约成本最多、最具特色与魅力的企业文化活动。在多年的创新文化实践中，也形成了一套富有广汽特色的活动模式。

一是博采众长、扎根广汽。广汽集团借鉴世界先进的理念和方法，吸取了世界三大质量体系尤其是日系精细化管理的精髓，结合广汽集团自身生产经营实际，创办IGA活动。经过十五年的发展完善，IGA 已成为广汽集团群体性质量管理活动的一种有效组织形式，实现企业工作方法、管理模式的持续改善，产品质量和经济效益的不断提升。

二是机制完善、传承发展。IGA 的活动口号为"创新广汽，超越自我"，并配有专属的标识。活动设立 IGA 委员会，同时设立活动推进办公室，并联合各投资企业的 IGA 活动事务局和联络员开展工作，形成了有组织、有管理的规范格局。各大主题环节均有标准的开展流程和手法，并设置了严格规范的评审规则，为全员创新提供了最基础的工具方法，让改善创新更加触手可及，让降本增效更加切实有效。

三是降本增效、创新育人。"育人"是 IGA 活动的最主要目标。经过 IGA 活动培养锻炼的员工，能够更为熟练地掌握科学的分析方法，能掌握更广泛的知识和经验，能更多地以全局视野来审视工作现状，以更积极主动的态度来发现工作问题，从而更多地参与企业的经营管理。越来越多的员工作为新时代知识型、技能型、创新型劳动者，愿意让自己的聪明才智成为企业发展的宝贵财富，这是广汽集团不断向前发展的强大动力。

四是成效显著、广泛推广。广汽集团自 2006 年学习引入 QC 手法，在集团内培育创新土壤，不仅运用于生产经营领域，更逐渐拓展至管理领域。从 2019 年开始，集团 IGA 活动成果发表会首次增设"管理类"课题，鼓励企业在管理领域进行改善创新，在今年 37 个 QC 课题中，管理类课题已增至 22 个。

在中国汽车产业转型升级的大潮中，在创新广汽（IGA）活动的助力下，广汽集团将保持对创新的不懈追求，持续激发活力和创造力，将"人为本、信为道、创为先"的广汽文化核心和持续改善、追求卓越的工匠精神深入植根于每个人的思想和行动中，不断增强企业文化自信，让优秀的企业文化成为集团持续健康发展的永恒动力。

（2）雪松控股集团有限公司

雪松控股集团有限公司（简称"雪松控股"）创立于 1997 年，全球总部位于广州，是广州本土成长起来的世界 500 强企业、中国大宗商品领军企业，以 2851 亿元营收排 2019 年《财富》世界 500 强第 301 位。

雪松控股致力于成为全球领先的大宗商品综合性产业集团，以"资源有限、价值无限"为发展理念，珍惜有限的资源，创造无限的价值。当前，雪松控股顺应新一轮科技革命和产业变革趋势，在全球范围内积极拓展大宗商品全产业链布局和运营，重点聚焦大宗商品资源、供应链服务等核心领域，加快推动新材料、新技术创新突破，同时围绕主业布局开展产业投资及综合配套服务；拥有雪松国际信托和上市公司齐翔腾达（股票代码 002408）、希努尔（股票代码 002485）；分支机构覆盖中国香港、新加坡、瑞士、英国、德国、法国、美国等地区和国家，业务节点沿着"一带一路"遍布亚洲、欧洲、美洲和非洲等。

雪松科技创新发展有限公司（简称"雪松科创"）负责人表示，作为雪松控股面向新发展格局的战略需求而新近布局的业务板块，雪松科创目前将核心业务对准新消费和数字经济领域，未来还将在新材料、新技术和高端制造等领域加大布局，持续引进、投资和培育填补国内产业空白、突破关键核心技术的新兴产业项目，形成产业集群优势，在国家以创新为核心的现代化建设总体布局中创造更大的产业价值。

近年来，雪松控股不断加快新材料领域关键核心技术攻关，创新突破"卡脖子"技术，提升产业链现代化水平；同时加强全球科技合作，积极融入全球创新体系，在开放合作中提升自身科技创新能力。雪松控股旗下化工产业集团核心企业齐翔腾达先后引入全球制环氧丙烷（PO）最为绿色环保的工艺技术，推动国内首个己二腈工业化生产基地动工，投建国内产能最大的异壬醇装置。目前，保障国家级增强核心竞争力项目甲基丙烯酸甲酯（MMA）一期（10万吨/年）及利用自主技术投建的丁腈胶乳医用材料项目一期（10万吨/年）均已顺利建成投产。

在双循环新发展格局下，依托雪松控股多年来深耕供应链领域的资源优势和行业经验，雪松科创瞄准"新材料""新消费""数字经济"等领域逐步开展投资与运营。其中将特别关注突破"卡脖子"技术，积极响应"十四五"科技创新号召，积极关注具有前瞻性技术与工艺的国产化运用，以全球化视野紧盯国际一流技术与工艺，孵化、培育和养成一批优质企业，形成技术创新优势，为国家突破关键核心技术做出积极贡献。

（3）网易公司

网易，1997年由丁磊先生在广州创办、2000年在美国NASDAQ股票交易所挂牌上市，是中国领先的互联网技术公司，在开发互联网应用、服务等方面始终保持中国业界领先地位。网易致力于利用最先进的互联网技术，加强人与人之间信息的交流和共享，为海量用户提供优质的产品和服务，以实现"网聚人的力量，以科技创新缔造美好生活"的使命愿景。截至2019年年底，网易拥有约21 000名员工，国内主要集中在北京、广州、杭州、上海四地办公，在日本、韩国、新加坡、美国、加拿大、英国等地均设有分支机构。自2000年上市以来，网易公司一直保持了财务指标的稳健增长。网易是中国领先的互联网公司之一，是全球领先的在线游戏开发与发行公司，也是中国最大的电子邮件服务商，并拥有中国领先的自营品质电商品牌、中国领先的在线音乐平台、在线教育平台、资讯传媒平台，覆盖全中国超过10亿用户。

网易公司在云计算、大数据、在线教育等领域有独特资源和生态优势，2016年成立网易联合创新中心，汇聚产业赋能、人才培育、互联网升级等发展要素于一体，通过共享新技术、共创新价值，助推数字经济发展。目前网易联合创新中心已在全国落地淮南、合肥、嘉兴、杭州、海南、重庆、诸暨、南宁、石家庄、宿州、德阳、黄山、宜春、兰州、简阳、台湾、富阳、青岛、苏州等23个地区。

5.1.4 广州市主要政府部门的积极作为

广州市依照实现老城市新活力、"四个出新出彩"及"中小企业能办大事"的重要指示精神，落实《粤港澳大湾区发展规划纲要》对广州创新发展的定位和要求，遵循"科学发现、技术发明、产业发展、生态优化、人才支撑"全链条的创新发展规律，积极共建粤港澳大湾区国际科技创新中心，加快建设科技创新强市，推动科技创新赋能老城市新活力。主要成效如下。

创新排名跑出"加速度"——在全球创新集群百强排名由2017年第63位、2018年第32位提升至2019年第21位。广州高新区在全国综合排名提升至第7位。城市创新指数综合得分247.25分，较上年提高29.77分，自2010年以来年均增长11.98%。

创新布局取得重大突破——携手中科院共建广州南沙科学城、明珠科学园，打造粤港澳大湾区综合性国家科学中心主要承载区。4家省实验室建设全面启动，冷泉生态系统大科学装置等重大科技基础设施建设步伐加快。

原始创新质量大幅提升——26个项目荣获2019年国家科学技术奖，占全省的52%，牵头完成9项，占全省的90%。陈克复院士主持完成的"制浆造纸清洁生产与水污染全过程控制关键技术及产业化"获得国家科技进步奖一等奖。

科技成果转化持续提速——全市技术合同成交额在2018年翻番的基础上，继续大幅增长77%。全年共认定登记技术合同21 074项，成交额1273.36亿元，其中技术交易额975.07亿元，3项数据均居全省首位。

科技创新企业蓬勃发展——全市高新技术企业数量超过1.2万家；国家科技型中小企业备案入库9283家，连续2年居全国城市第一；市科技创新企业数据库在库企业突破25万家。

科技金融取得显著成效——广州企业在中国创新创业大赛获得5个奖项，其中2个一等奖，创历史最好成绩。市科技成果产业化引导基金完成第一期申报。科技信贷风险补偿资金池推动银行贷款超过140亿元。5家企业通过科创板上市委审核。

科技体制改革走在前列——出台进一步加快促进科技创新政策措施、合作共建新型研发机构经费使用"负面清单"等全国领先的先行先试文件。首次实现我市科研资金跨境拨付香港。

引才引智环境不断优化——在全省率先落实粤港澳大湾区个人所得税优惠政策。在全国率先实现外国人工作许可及居留许可"一窗受理、并行办理"；率先将外国人工作许可办结时间压缩到7个工作日。

5.2 深圳市

5.2.1 深圳市创新现状描述

（1）国民经济综合发展概况

2019年，深圳市地区生产总值26 927.09亿元，排广东省第1位，比上年增长6.7%，增速分别高出全国（6.1%）和广东省（6.2%）0.6个百分点和0.5个百分点。2019年，深圳市地区生产总值占广东省的1/4，图5-3显示了2009—2019年深圳市地区生产总值及占广东省比重。

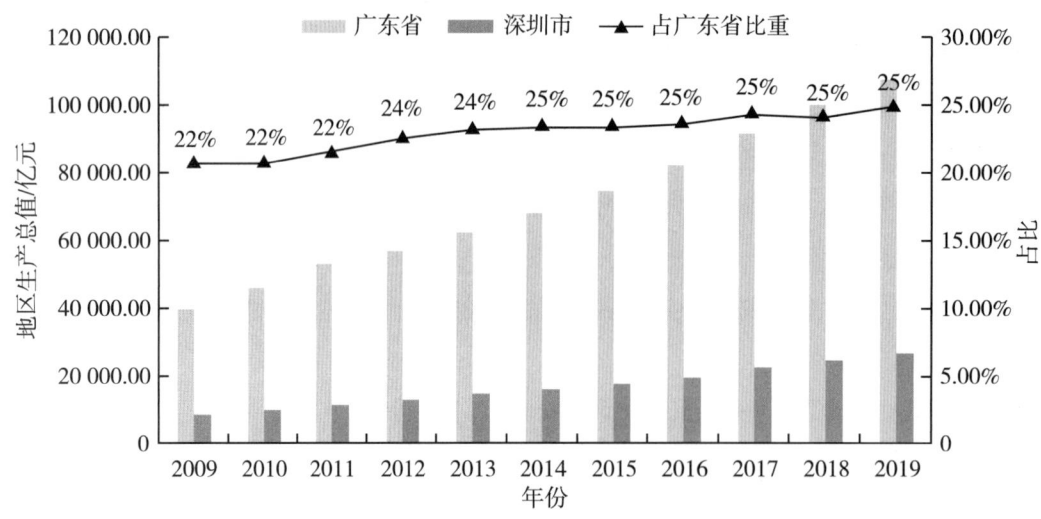

图 5-3　2009—2019 年深圳市地区生产总值及占广东省比重

（资料来源：《广东统计年鉴 2020》）

2019 年年末，深圳市常住人口数为 1343.88 万，人均生产总值 200 368 元，位居广东省首位。2019 年，深圳市就业人口数为 1283.37 万，排广东省第 1 位；第三产业增加值 16 406.06 亿元，列广东省第 2 位；区域创新综合值为 87.64，列广东省首位。总体而言，深圳市国民经济发展水平处于广东省乃至全国的领先水平，高新技术产业发展迅速，创新能力全省排第 1 位。在广东省 21 个地市中，深圳市与广州市位列第一梯队。

深圳坚持把创新作为城市发展的主导战略，成为首个国家创新型城市、首个以城市为单元的国家自主创新示范区。近年来，建设粤港澳大湾区和建设中国特色社会主义先行示范区"双区驱动"的重大历史发展机遇，为深圳市创新能力发展提供了广阔空间。

2019 年全年实现地区生产总值 26 927.09 亿元，比上年增长 6.7%。其中，第一产业增加值 25.20 亿元，增长 5.2%；第二产业增加值 10 495.84 亿元，增长 4.9%；第三产业增加值 16 406.06 亿元，增长 8.1%。第一产业增加值占全市地区生产总值的比重为 0.1%，第二产业增加值比重为 39.0%，第三产业增加值比重为 60.9%。

2011 年后，随着产业竞争和升级步伐加快，深圳全面加快产业转型升级，2019 年深圳围绕服务业和新兴产业形成了四大支柱产业，其中，金融业增加值 3667.63 亿元，比上年增长 9.1%；物流业增加值 2739.82 亿元，增长 7.5%；文化及相关产业（规模以上）增加值 1849.05 亿元，增长 18.5%；高新技术产业增加值 9230.85 亿元，增长 11.3%。

深圳崛起的背后，与其率先进行科技创新、产业发展和升级等方面的改革密不可分。2019 年战略性新兴产业增加值合计 10 155.51 亿元，比上年增长 8.8%，占地区生产总值比重 37.7%。其中，新一代信息技术产业增加值 5086.15 亿元，增长 6.6%；数字经济产业增加值 1596.59 亿元，增长 18.0%；高端装备制造产业增加值 1145.07 亿元，增长 1.5%；绿色低碳产业增加值 1084.61

亿元，增长5.3%；海洋经济产业增加值489.09亿元，增长13.9%；新材料产业增加值416.19亿元，增长27.6%；生物医药产业增加值337.81亿元，增长3.3%。2019年，深圳市七大战略性新兴产业增加值及增长率情况如图5-4所示。

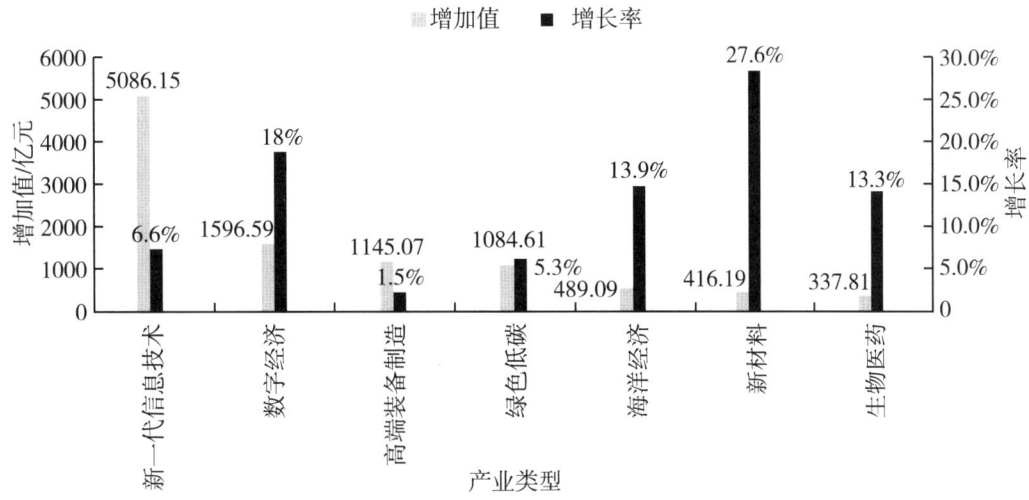

图5-4　2019年深圳市七大战略性新兴产业增长情况

（资料来源：《深圳市2019年国民经济和社会发展统计公报》）

（2）科技发展情况

1）科技发展统计

2019年，深圳全社会研发投入经费达1328亿元，占GDP比重4.9%；深圳市国内专利申请量为261 502件，获得专利授权166 609件，其中发明专利授权26 051件；国际专利申请量达到1.75万件，占全国的30.6%，已连续16年居全国各大城市首位。深圳市规模以上工业企业10 337家，较2018年（9006家）增长14.8%。规模以上工业企业主营业务收入34 763.8亿元，工业总产值达到37 326.2亿元。整体来看，深圳市科技创新能力持续提升。

2）深圳创新的全球追赶

第一，深圳拥有较强的经济实力，为创新发展奠定基础。2018年深圳GDP总量为3943.1亿美元，与波士顿（4635.7亿美元）差距缩小，但人均GDP只有30 860.19美元，明显低于波士顿、洛杉矶等城市。GDP保持7%左右的增长速度，高于纽约、波士顿、洛杉矶等发达城市，这为深圳进一步提升科技创新能力奠定了强大的基础。

第二，深圳科技创新不断增强，与国际发达城市差距缩小。尤其是在研发投入强度和PCT专利申请方面，深圳取得喜人成绩。在过去几年，深圳研发投入强度保持在4.5%左右，高于纽约、波士顿等领先城市；PCT专利方面保持明显优势，2018年PCT申请量为20 292件，略低于东京（26 041件），但是高于纽约（966件）、洛杉矶（347件）和首尔（6394件）等；人均PCT专利为15.58件/万人，低于东京（27.06件/万人），但高于纽约（0.5件/万人）、旧金山（1.56件/万人）

和西雅图（7.89 件/万人）等。

第三，政府对知识产出给予大力支持，整体产出潜力巨大。深圳市发表国际论文中，有86%以上的国际论文得到相关基金的资助，明显高于洛杉矶（64.7%）、波士顿（58.6%）、东京（56.6%）和首尔（70.5%）等领先的城市。依托国家和政府相关部门的支持，深圳的国际论文发表数量不断增长，外部合作比例也呈现上升趋势，未来几年，深圳在知识产出方面的实力将会进一步增强。

第四，企业具有较强创新活力，基础研究能力有待提升。深圳企业创新活跃，拥有华为、中兴和大疆等27家高专利产出的科研机构，仅次于东京（91家），领先于首尔（12家）、巴黎（11家）和伦敦（11家）等城市；但是，深圳只有1家高论文产出的科研机构，落后于波士顿（11家）、纽约（8家）和巴黎（7家）等，基础研究有待于提升。在顶尖科学家数量方面，深圳只有8位，美国以12个城市占据过半席位（共计1272位），表明深圳对顶尖人才的吸引力有待提升。

5.2.2 深圳市创新能力评价

2019年深圳市创新能力全省排第1位，对比2018年，指标综合值有所上升，排名无变化，如表5-2所示。分指标分析，2018年与2019年，深圳市投入、产出及产业升级三方面指标在广东省处于遥遥领先的地位，全省排名均是第1位。产业创新环境排名第2位，与2018年排名没有变化。

从具体指标看，在投入方面，深圳市的全社会R&D经费支出与GDP之比、每万名就业人员中R&D人员数量、规模以上工业企业研发经费支出占主营业务收入比重和地方财政科技拨款占地方财政支出比重4个指标值的排名均是全省第1位。在产出方面，深圳市万人有效发明专利拥有量、PCT专利申请数占全省PCT专利申请量的比重、高技术制造业增加值占规模以上工业比重和形成国家或行业标准数量4个指标值均是全省排名第1位，而新产品销售收入占主营业务收入比重全省排名第2位。在产业升级方面，2019年，深圳市先进制造业增加值位列全省第一，单位GDP能耗增长速度有所提升，排名由全省第9位上升至第6位。在产业创新环境方面，深圳市每千人拥有的企业数和获得风险投资金额排第1位；科研机构数排第2位；相较于其他指标的绝对优势，深圳市的全员劳动生产率指标值连续两年排名第6位；高校和科研院所研发支出来自企业的比例从第7位下降到第11位，可以作为未来继续提高创新能力的方向。

表5-2 深圳市创新能力指标分析

指标名称	2018年综合指标		2019年综合指标	
	指标值	排名	指标值	排名
综合值	86.81	1	87.64	1
1 投入	100.00	1	100.00	1
1.1 全社会R&D经费支出与GDP之比	100.00	1	100.00	1
1.2 每万名就业人员中R&D人员数量	100.00	1	100.00	1

续表

指标名称	2018年综合指标		2019年综合指标	
	指标值	排名	指标值	排名
1.3 规模以上工业企业研发经费支出占主营业务收入比重	100.00	1	100.00	1
1.4 地方财政科技拨款占地方财政支出比重	100.00	1	100.00	1
2 产出	95.14	1	98.34	1
2.1 万人有效发明专利拥有量	100.00	1	100.00	1
2.2 PCT专利申请数占全省PCT专利申请量的比重	100.00	1	100.00	1
2.3 高技术制造业增加值占规模以上工业比重	100.00	1	100.00	1
2.4 新产品销售收入占主营业务收入比重	75.70	3	91.69	2
2.5 形成国家或行业标准数量	100.00	1	100.00	1
3 产业升级	81.74	1	83.01	1
3.1 第三产业增加值占GDP比重	59.05	2	64.28	2
3.2 先进制造业增加值	100.00	1	100.00	1
3.3 单位GDP能耗增长速度	86.19	9	84.74	6
4 产业创新环境	64.04	2	66.15	2
4.1 高校和科研院所研发支出来自企业的比例	38.04	7	45.09	11
4.2 全员劳动生产率	41.77	6	41.77	6
4.3 科研机构数	40.37	2	43.89	2
4.4 每千人拥有的企业数	100.00	1	100.00	1
4.5 获得风险投资金额	100.00	1	100.00	1

5.2.3 深圳市主要企业或行业创新活动分析

（1）华为技术有限公司

华为技术有限公司（简称"华为"）成立于1987年，得益于改革开放，经过30多年的拼搏努力，华为这艘大船划到了"与世界同步的起跑线"上。华为的崛起颠覆了通信产业的基本格局，打破了国外通信企业的垄断局面，同时也让绝大多数普通人都享受到低价优质的信息服务。

2019年，面临以美国为首的西方国家的全面封杀，华为依然取得了令人瞩目的成绩，实现全球销售收入8588亿元人民币，同比增长19.1%；净利润627亿元人民币，同比增长5.6%，但明显低于过去五年的年均增长率14%；经营活动现金流914亿元，同比增长22.4%；研发投入达1317亿元人民币，占销售收入比例达15.3%。

华为在5G方面的突出表现，进一步引起了全球的关注。截至2019年3月底，华为投入5G研发的专家工程师有2000多位，在全球已经建立十余个5G研究中心，向欧洲电信标准化协会ETSI

声明 2570 族 5G 领域基本专利，占全球该领域的 17%，居全球第一。当前，华为已在全球 30 个国家获得了 46 个 5G 商用合同，5G 基站发货量超过 10 万个，居全球首位。

华为的创新实践主要体现在以下几方面。第一，技术创新。全球拥有员工 17 万，通过全球 15 个研究机构、36 个联合创新中心开展研发创新与合作，在华为从事研发的人员约 8 万名，占员工总数的 47%。华为在全球有 16 个研发中心，在数学基础研究方面投入巨大，诞生了两大架构式的颠覆性产品创新，一个叫分布式基站，一个叫 SingleRAN，并借此取得了欧洲等发达国家市场的成功。华为也是 5G 标准的重要贡献者。第二，开放合作是创新的基石。一是"以土地换和平"的技术路线，依靠自身的专利储备进行专利互换、支付专利费等，仅支付给高通一家公司的知识产权费用就累计超 7 亿美元。二是与竞争对手和客户建立战略伙伴关系。包括与德州仪器、摩托罗拉、IBM、英特尔、朗讯等成立联合实验室，与西门子、3COM、赛门铁克等公司成立合资企业。华为在研发体制上的重大创新之一是，与全球诸多大客户包括沃达丰等运营商建立了 28 个联合创新中心。第三，基于开放式、学习型的创新理念。华为聘请了美国、英国、日本、德国的顶尖咨询公司为华为做管理咨询，提升其管理创新、组织创新和组织管理能力。第四，基于尊重知识产权基础上的创新。华为每年要向西方公司支付 2 亿美元的专利费，每年拿出 1 亿美元参与一些研发基金，并且参与和主导了多个全球行业的标准组织。第五，与科研院所的合作。2011 年以来，在芯片、人工智能（AI）、计算机等领域，华为与中国科学院 34 家合作单位开展了 286 项合作。

（2）深圳市腾讯计算机系统有限公司

深圳市腾讯计算机系统有限公司（简称"腾讯"）成立于 1998 年 11 月，目前是中国最大的互联网综合服务提供商之一，也是中国服务用户最多的互联网企业之一。腾讯最初以社交服务切入市场，并逐渐开展多元化服务业务，包括提供社交和通信服务的 QQ 及微信（WeChat）、提供社交网络平台的 QQ 空间、腾讯游戏旗下 QQ 游戏平台、门户网站腾讯网、腾讯新闻客户端和网络视频服务腾讯视频等，2004 年腾讯公司在香港联交所主板公开上市（股票代码 00700）。

随着数字化时代的到来和腾讯业务的多元化扩张，腾讯的品牌价值不断提升，2018 年 6 月，世界品牌实验室（World Brand Lab）在北京发布了 2018 年《中国 500 最具价值品牌》分析报告，腾讯排第 2 位。2018 年 12 月，世界品牌实验室编制的《2018 世界品牌 500 强》揭晓，腾讯排第 39 位。2019 年 7 月，2019《财富》世界 500 强发布，腾讯排第 237 位。在 2019 中国服务业企业 500 强榜单中，腾讯排第 32 位。2019 年 10 月，在 2019 福布斯全球数字经济 100 强榜排第 14 位。胡润研究院发布的《2019 胡润全球独角兽活跃投资机构百强榜》中，腾讯排第 2 位。2019 年 12 月，《人民日报》发布中国品牌发展指数 100 榜单，腾讯排第 4 位。

腾讯在产品和技术研发方面也有巨大投入，根据《腾讯研发大数据报告》，2019 年，腾讯研发人员占比高达 66%，在中国诸多科技公司中居前列。腾讯 2019 年新增研发项目超过 3500 个，2019 年 ToB 项目数量比 2018 年增长了 77%。在代码数量上，2019 年腾讯新增代码行数高达 12.9 亿行，相比 2018 年增长了 30%。此外，腾讯在专利申请方面也有惊人的表现，截至 2019 年 5 月，腾讯在全球主要国家的专利申请数量已超过 30 000 件,已授权专利数量超过 10 000 件。专利申请数量在国内互联网公司中排名第 1 位,在全球互联网公司中排名第 2 位,仅次于谷歌[①]。

在创新方面,腾讯一直遵循开放合作的"代码文化"。2013 年起,在"开放"战略升级的背景下,腾讯提出了代码的"开放、复用和合力开发"。在 2019 年腾讯技术委员会成立后,自上而下的开源协同机制建立,以"开源、协同、云上生长"为核心的腾讯新代码文化快速成长。

腾讯内部的技术文化也充分体现在 2020 年新冠肺炎疫情的抗击之中。在 2020 年新冠肺炎疫情防控期间,腾讯迅速出击,在智慧教育、智慧医疗、远程办公、智慧政务等各个领域推出相应服务,腾讯会议、企业微信、TAPD(腾讯敏捷协作平台)、腾讯工蜂、腾讯乐享等多款 ToB 产品全面升级功能、免费开放,支撑抗击新冠肺炎疫情工作。春节期间,腾讯有 8000 多名研发人员通过远程研发协作方式投入抗疫战斗,为了给社会提供更好的服务,各领域产品及时响应、快速迭代,共提交代码 14.7 万次,52% 的需求在 1 小时内就能得到响应。各领域全力抗疫的背后,是腾讯研发能力多年的沉淀,也是腾讯新代码文化的外在彰显。

(3)比亚迪股份有限公司

比亚迪股份有限公司(简称"比亚迪")成立于 1995 年初,公司起初靠租赁厂房进行生产和研究,经过四年的发展,成立了工业园区。目前,比亚迪拥有员工 24 万人,并在全球设立 30 多个工业园,实现全球六大洲的战略布局,在国内,比亚迪拥有长沙、西安等多个生产基地。2019 年,比亚迪实现营业收入 1277.39 亿元,同比下降 1.78%,经营活动产生的现金流量净额 147.41 亿元,较上年同期增加 22.18 亿元。同时,公司 2019 年研发费用 56.29 亿元,同比增长 12.83%。

比亚迪一直致力于创新,2000 年,比亚迪成为 MOTORAOLA 第一个中国锂离子电池供应商,这也是中国品牌首次进入国际品牌全球供应系统。2003 年年初,比亚迪正式进入汽车市场,并致力于新能源汽车的研发与推广。2009 年,比亚迪依靠铁电池技术、整车研发能力和产业垂直整合能力,正式进军纯电动客车领域。2010 年,首台纯电动客车在湖南长沙基地下线。2011 年,借助深圳大运会契机,200 台纯电动公交车投入运营,成为全球首批大规模商业化运营的纯电动客车。2016 年 10 月 13 日,比亚迪"云轨"在深圳全球首发,以立体化交通模式解决城市拥堵与污染,进一步满足城市需求,助力我国城市交通实现从"车轮上的城市"向"轨道上的城市"转型升级。

创新是比亚迪取得成功的重要原因,综合来看,主要包括以下三方面的因素。

第一,充分强化企业研发投入。从比亚迪年报来看,在 2019 年营业收入下降的前提下,研发费用依然实现了 12.83% 的增长。从国内车企来看,2019 年,比亚迪、华域汽车、潍柴动力三家车企,研发费用均超过 50 亿元,是国内同行业研发投入最高的企业。

第二,提升开放式创新力度。比亚迪从手机行业的智能化历程得到启发,将发展的策略定位为开放。在 2018 年 6 月 20 日的 2018 全球智能汽车前沿峰会上,比亚迪董事长王传福透露,"我

---

① 腾讯科技?[EB/OL].(2019-04-19)[2020-09-30]. https://tech.qq.com/a/20190428/007284.htm.

们把比亚迪定义为标准的智能汽车供应商。我们开放所有传感器的控制权和通信协议，有条件地开放一些控制权，让各种行业进到电动车为构架的汽车平台"。比亚迪有能力成为行业第一个全面开放汽车所有传感器和控制权的品牌。在未来，比亚迪至少开放341个传感器数据，包括开门、开天窗在内的各种控制权66项。

第三，注重基础核心技术研发。电池是电动车制造的最关键部分，比亚迪是制造电池起家的，在电池研发制造、充电设施的普及和高速充电桩建设等方面拥有核心技术。动力电池应用分会统计数据显示，2019动力电池装机排名中，宁德时代排名第1位（装车量31.71 GWh，占比51.01%），比亚迪排名第2位（装车量10.76 GWh，占比17.30%），国轩高科排名第3位（装车量3.31 GWh，占比5.33%）。

5.2.4　深圳市产业特点

第一，不断优化市场环境，突出企业的主体地位。深圳涌现了一批行业龙头企业，成为深圳创新驱动发展的重要名片。华为是全球最大的移动通信设备企业和第三大智能手机厂商，比亚迪成为全球唯一同时具备新能源电池和整车生产能力的企业，迈瑞是全球领先的医疗设备和解决方案供应商，华大基因成为全球最大的基因测序和基因组学研究机构，大疆科技已经占领了消费级无人机全球80%的市场份额。与此同时，催生孵化了一大批科技型中小企业，成为深圳创新驱动的重要生力军。2019年6543家高新技术企业获得国家高新技术企业认定。截至2019年年底，深圳上市公司数量从392家增加到418家，增加了26家。截至2019年年底，深圳上市公司总市值达到122 092.96亿元，相当于当年深圳GDP（26 927.09亿元）的4.53倍。

第二，大力培育龙头企业，带动城市产业发展。2019年，华为实现全球销售收入8588亿元，同比增长19.1%；净利润627亿元，同比增长5.6%。2019年中兴实现营业收入907.4亿元，同比增长6.1%；归属于上市公司普通股股东的净利润51.5亿元，同比增长173.7%；基本每股收益为1.22元。腾讯致力于深化用户与腾讯核心业务引擎之间的连接，2019年总收入为3773亿元，比上年同期增长21%。比亚迪2019年的营业收入达到1277亿元，同比下降1.78%。2019年，迈瑞生物医疗电子股份有限公司全年实现收入165.56亿元、归母净利润46.81亿元、扣非归母净利润46.15亿元，分别同比增长20.38%、25.85%、25.05%。2019年，华大基因实现营收28亿元，同比增长10.41%，归母净利润为2.76亿元。

第三，注重科技和金融的发展，抓住科技革命机会窗口。在深圳上市公司中，信息技术行业和金融行业上市公司市值合计为87 266.11亿元，占深圳上市公司总市值比重超过71.47%，反映了深圳经济"科技＋金融"双轮驱动的特征。在2019年深圳500强企业名单中（表5-3），前10名中有8家企业是科技、金融类企业，包括中国平安保险（集团）股份有限公司、华为投资控股有限公司、正威国际集团有限公司、招商银行股份有限公司、腾讯控股有限公司、比亚迪股份有限公司和富德生命人寿保险有限公司。

表 5-3 2019 年深圳百强企业名单前 50

序号	企业名称	序号	企业名称
1	中国平安保险（集团）股份有限公司	26	深圳市龙光控股有限公司
2	华为投资控股有限公司	27	国药集团一致药业股份有限公司
3	正威国际集团有限公司	28	欧菲光集团股份有限公司
4	恒大集团有限公司	29	天音通信有限公司
5	招商银行股份有限公司	30	佳兆业集团控股有限公司
6	腾讯控股有限公司	31	深圳市海王生物工程股份有限公司
7	万科企业股份有限公司	32	中信证券股份有限公司
8	比亚迪股份有限公司	33	深圳金雅福控股集团有限公司
9	中国广核集团有限公司	34	立讯精密工业股份有限公司
10	富德生命人寿保险股份有限公司	35	深圳市中农网有限公司
11	中国国际海运集装箱（集团）股份有限公司	36	深圳市富森供应链管理有限公司
12	深圳顺丰泰森控股（集团）有限公司	37	深圳市信利康供应链管理有限公司
13	招商局蛇口工业区控股股份有限公司	38	鹏鼎控股（深圳）股份有限公司
14	中兴通讯股份有限公司	39	新里程控股集团有限公司
15	腾邦集团有限公司	40	深圳市思贝克集团有限公司
16	中国航空技术深圳有限公司	41	欣旺达电子股份有限公司
17	神州数码集团股份有限公司	42	深圳华强集团有限公司
18	深圳市怡亚通供应链股份有限公司	43	深圳传音控股股份有限公司
19	前海人寿保险股份有限公司	44	太平财产保险有限公司
20	深圳市爱施德股份有限公司	45	深圳市世纪云芯科技有限公司
21	中国燃气控股有限公司	46	深圳市中金岭南有色金属股份有限公司
22	金地（集团）股份有限公司	47	深圳市卓越商业管理有限公司
23	深圳华侨城股份有限公司	48	广深铁路股份有限公司
24	康佳集团股份有限公司	49	深圳市华富洋供应链有限公司
25	中信银行股份有限公司信用卡中心	50	天虹商场股份有限公司

资料来源：中商情报网官方.重磅来袭！2019深圳500强企业名单出炉［EB/OL］.（2019-08-01）［2021-11-01］. https://www.sohu.com/a/330755284_642249.

5.2.5 深圳市主要政府部门的积极作为

继《粤港澳大湾区发展规划纲要》正式印发后，党中央、国务院专门出台《关于支持深圳建设中国特色社会主义先行示范区的意见》，为深圳整体创新能力的提升进一步增强了动力。深圳创新能力的不断提升，离不开政府的顶层设计和政策引导。

首先，发挥企业主体地位，持续优化营商环境。大力弘扬优秀企业家精神，出台一系列惠企政策措施，千方百计帮助企业减轻负担，努力用惠企政策的精准性来对冲外部环境的不确定性。2019年全年新增减税降费超过1100亿元；设立1000亿元的民营企业平稳发展基金，帮助54家上市公司化解流动性风险；充分发挥50亿元中小微企业银行贷款风险补偿资金池作用，全年中小微企业新增贷款余额增长20%。深入推进数字政府和智慧城市建设，新上线区块链电子证照应用平台，"i深圳"App累计整合近4700项政务服务事项。

其次，依托"双轮驱动"，构建高水平对外开放新格局。抓住粤港澳大湾区建设和中国特色社会主义先行示范区建设，持续提升开放合作水平。前海国际化城市新中心展现新面貌，新增注册企业1.2万家，完成固定资产投资超过500亿元，前海综合交通枢纽、妈湾跨海通道等重点工程加快推进，深港青年梦工场新孵化创业团队61家，深港设计创意产业园正式运营。积极参与"一带一路"建设，对沿线国家和地区出口额增长13%。实施机场口岸外国人144小时过境免签政策，新增罗马、特拉维夫等15条国际航线，国际客运通航城市总数达60个。

最后，承接国家科学中心建设，全面提升基础研究水平。2019年市本级财政科技专项资金增长近一倍，其中30%以上投向基础研究和应用基础研究。新组建人工智能与数字经济省实验室、超滑技术研究所等研发机构，实施50个关键核心技术攻关项目。光明科学城规划建设全面提速，深圳湾实验室等高端创新资源落户科学城。西丽湖国际科教城上升为部省市共建平台，初步形成高水平实验室集群，鹏城实验室集聚了22位院士、1600多名科研人员，承担了一批重大科技专项。

5.3 珠海市

5.3.1 珠海市创新现状描述

（1）国民经济和社会发展综合概况

2019年，珠海市实现地区生产总值3435.89亿元，排广东省第6位，同比增长6.8%，增速高出全国（6.1%）0.7个百分点，高出全省（6.2%）0.6个百分点。图5-5显示了2009—2019年珠海地区生产总值及占广东比重情况，珠海地区生产总值近年来占广东省比值呈上升趋势，自2017年开始占比达到3%以上。

2019年年末，珠海市常住人口202.37万人，人均生产总值169 782元，全省排第2位，仅次于深圳市（200 368元）。2019年，珠海市就业人口数为161.17万人，排广东省第15位，并不代表珠海市的就业率偏低，就业人口数排名靠后与珠海市总人口数偏少相关；第三产业增加值为1849.79亿元，排广东省第5位；区域创新能力综合值为44.52，仅次于深圳和广州，排广东省第3位。总体而言，珠海市经济总量指标在广东省排名中等偏上，人均指标排名靠前，创新能力排名靠前。

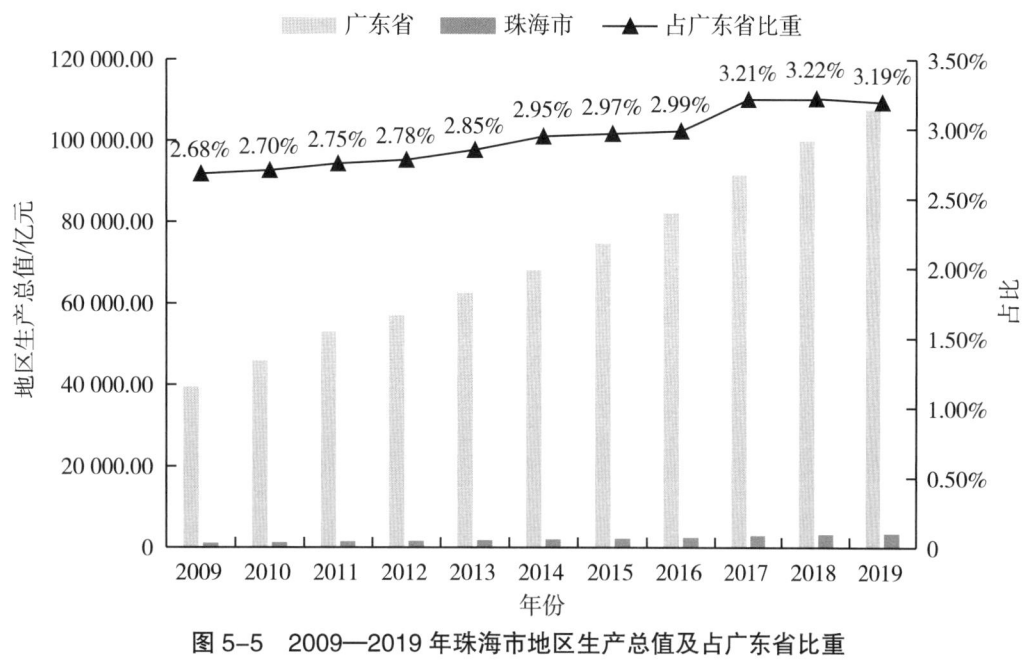

图 5-5　2009—2019 年珠海市地区生产总值及占广东省比重

（资料来源：《广东统计年鉴 2020》）

对珠海市工业发展情况进行分析，2019年珠海市工业增加值比上年增长4.1%，规模以上工业增加值增长4.0%。其中，国有及国有控股企业增长4.1%，民营企业增长5.0%。港澳台及外商投资企业增长1.2%，股份制企业增长5.8%，集体企业下降31.8%。六大工业支柱产业增加值比上年增长5.1%。其中，生物医药业、家电电气业、石油化工业和电力能源业分别同比增长23.6%、15.2%、4.0%和2.0%；电子信息业和精密机械制造业分别同比下降2.1%和13.8%。高技术制造业增加值增长2.6%，占规模以上工业增加值的比重为29.6%，比上年下降0.1个百分点。如图5-6所示，医药制造业增长23.6%，航空、航天器及设备制造业增长25.4%，电子及通信设备制造业下降2.5%，电子计算机及办公设备制造业增长16.0%，医疗仪器设备及仪器仪表制造业下降16.6%。先进制造业增加值增长2.8%，占规模以上工业增加值的比重为55.5%，比上年上升0.6个百分点。其中，高端电子信息制造业下降5.8%，先进装备制造业下降1.7%，石油化工业增长3.9%，先进轻纺制造业增长11.2%，新材料制造业增长9.3%，生物医药及高性能医疗器械制造业增长19.2%。

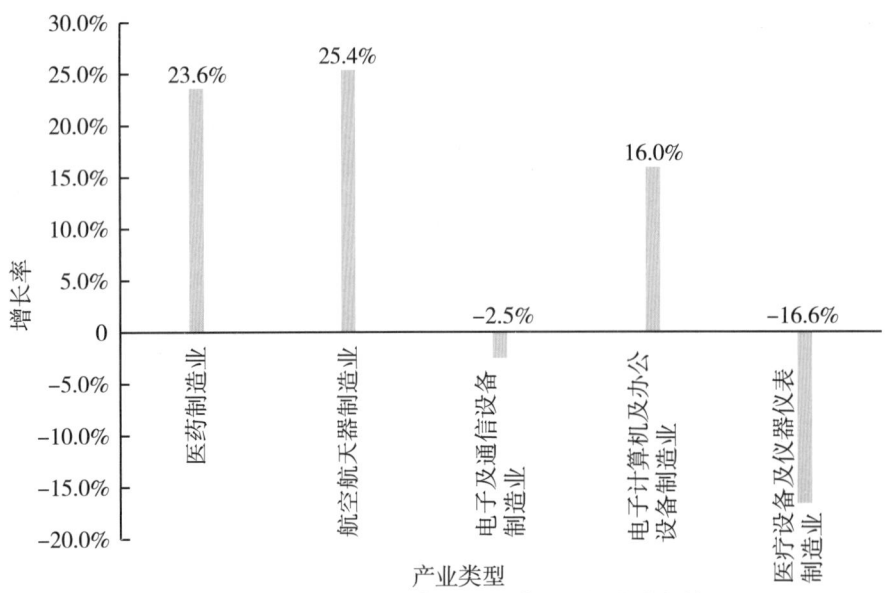

图 5-6　2019 年珠海市高技术制造业增加值增长情况

（2）科技发展情况

1）科技发展统计

2019 年珠海全社会研究与试验发展经费支出 108.31 亿元，同比增长 17.5%。2019 年 R&D 经费支出占地区生产总值的比重为 3.15%。全年科技成果 39 项，均为应用技术类成果。全年有 4 个项目获国家科学技术奖，13 个项目获广东省科学技术奖。全年申请专利 33 137 件，同比增长 6.0%，其中发明专利申请量 14 251 件，增长 8.0%。专利授权量 18 967 件，同比增长 11.0%，其中发明专利授权量 3327 件，同比下降 4.0%。全年共有 2322 家企业申请专利 31 209 件，其中，有 1258 家企业申请发明专利 13 671 件。全年共有 2063 家企业获得专利授权 18 064 件，其中，443 家企业获得发明专利授权 3233 件。年末有效发明专利量 14 861 件，增长 26.6%，每万人口发明专利拥有量 78.58 件。《专利合作条约》（PCT）国际专利申请量 561 件，同比下降 19.0%。

2）创新模式

第一，粤港澳大湾区。粤港澳大湾区指的是由广州、佛山、肇庆、深圳、东莞、惠州、珠海、中山、江门九市和香港、澳门两个特别行政区形成的城市群，是继美国纽约湾区、美国旧金山湾区、日本东京湾区之后，世界第四大湾区，是国家建设世界级城市群和参与全球竞争的重要空间载体。2017 年 7 月 1 日《深化粤港澳合作推进大湾区建设框架协议》完成签署工作，借助交通利好，串联融合大湾区各大城市。位于珠江西岸核心城市的珠海高新区，正以此为目标，打造科技创新高地，吸引优良基因企业和营造良好的人才环境，致力于打造大湾区西岸"产城人"融合的范本。

第二，串联与融合。以沿线企业、高校、园区、创新平台为城市布局，以西部沿海高速为纽带，利用未来港珠澳大桥、深中通道的建成利好，珠海将发挥珠江西岸核心城市的辐射带动作用，为粤西地区振兴发展提供科技创新支撑，承担起粤港澳大湾区创新高地的应有功能之一。

5.3.2 珠海市创新能力评价

2019年珠海市创新能力全省排第3位，与2018年相比排名未发生变化（表5-4）。分指标分析，投入和产出分别排第2位和第3位，较2018年持平；产业升级2019年排全省第5位，较2018年上升1位；产业创新环境排名也保持稳定，排第3位。

表5-4 珠海市创新能力指标分析

指标名称	2018年综合指标		2019年综合指标	
	指标值	排名	指标值	排名
综合值	43.16	3	44.52	3
1 投入	58.72	2	63.96	2
1.1 全社会R&D经费支出与GDP之比	59.63	3	61.88	2
1.2 每万名就业人员中R&D人员数量	69.99	2	76.49	2
1.3 规模以上工业企业研发经费支出占主营业务收入比重	45.86	3	53.83	2
1.4 地方财政科技拨款占地方财政支出比重	59.40	3	63.63	5
2 产出	36.78	3	36.93	3
2.1 万人有效发明专利拥有量	69.80	2	73.64	2
2.2 PCT专利申请数占全省PCT专利申请量的比重	3.82	5	3.20	5
2.3 高技术制造业增加值占规模以上工业比重	43.63	5	43.03	5
2.4 新产品销售收入占主营业务收入比重	51.09	6	60.60	6
2.5 形成国家或行业标准数量	15.59	5	4.20	5
3 产业升级	40.48	6	43.79	5
3.1 第三产业增加值占GDP比重	28.25	10	40.60	4
3.2 先进制造业增加值	8.63	6	11.08	6
3.3 单位GDP能耗增长速度	71.27	14	79.69	10
4 产业创新环境	37.40	3	34.78	3
4.1 高校和科研院所研发支出来自企业的比例	53.75	2	29.46	16
4.2 全员劳动生产率	38.22	7	38.22	7
4.3 科研机构数	7.45	8	7.22	7
4.4 每千人拥有的企业数	75.34	2	81.14	2
4.5 获得风险投资金额	6.60	4	17.87	3

从具体指标看，在投入方面，全社会R&D经费支出与GDP之比及规模以上工业企业研发经费支出占主营业务收入比重两项指标排名都有提升，但地方财政科技拨款占地方财政支出比重指标，虽然指标值上升，省内排名却下降2位。在产出方面，珠海市万人有效发明专利拥有量等各项指标的排名均比较靠前，且变化不大。在产业升级方面，第三产业增加值占GDP比重和单位GDP能耗增长速度两个指标排名都有提升，分别上升6位和4位。从产业创新环境方面来看，高校和科研院所研发支出来自企业的比例排名有较大的下降，从2018年的全省第2位下降到2019年的第16位，全员劳动生产率等其他指标排名都较为靠前且稳定。

5.3.3 珠海市主要企业或行业创新活动分析

（1）珠海格力电器股份有限公司

珠海格力电器股份有限公司（简称"格力"）成立于1991年，1996年11月在深交所挂牌上市。公司成立初期，主要组装生产家用空调，现已发展成为多元化、科技型的全球工业集团，产业覆盖家用消费品和工业装备两大领域。2019年，公司全年实现营业总收入2005.08亿元，实现归母净利润246.97亿元，公司税收贡献157.90亿元，产品远销160多个国家和地区。公司现有9万多名员工，其中有1.5万名研发人员和3万多名技术工人。在国内外建有15个生产基地，分别坐落于珠海、重庆、合肥、郑州、武汉、石家庄、芜湖、长沙、杭州、洛阳、南京、成都、赣州，以及巴西、巴基斯坦；同时建有长沙、郑州、石家庄、芜湖、天津、珠海6个再生资源基地，覆盖从上游生产到下游回收全产业链，实现了绿色、循环、可持续发展。

坚持创新驱动。提出研发经费"按需投入、不设上限"，仅2018年研发投入就达到72.68亿元。经过长期沉淀积累，目前累计申请国内专利78 756件，其中发明专利40 047件；累计授权专利43 419件，其中发明专利10 050件，申请国际专利2435件。在2019年国家知识产权局排行榜中，格力电器排名全国第六，家电行业第一。现拥有30项"国际领先"技术，获得国家科技进步奖2项、国家技术发明奖2项、中国专利奖金奖4项。据日本经济新闻社2019年统计发布，格力家用空调全球市场占有率达20.6%。

打造创新载体。公司现有15个研究院，分别是制冷技术研究院、机电技术研究院、家电技术研究院、新能源环境技术研究院、健康技术研究院、通信技术研究院、智能装备技术研究院、机器人研究院、数控机床研究院、物联网研究院、装备动力技术研究院、电机系统技术研究院、洗涤技术研究院、冷冻冷藏技术研究院、建筑环境与节能研究院，共有96个研究所、929个实验室、1个院士工作站（电机与控制），拥有国家重点实验室、国家工程技术研究中心、国家级工业设计中心、国家认定企业技术中心、机器人工程技术研发中心各1个，同时成为国家通报咨询中心研究评议基地。

坚持质量为先。恪守诚信经营的宗旨，以客户需求为导向，严抓质量源头控制和体系建设。据中国标准化研究院统计发布，自2011年以来，格力顾客满意度、忠诚度连续9年保持行业第一。

2018年，公司荣获第三届"中国质量奖"。2019年，格力电器参与起草的《质量管理 基于顾客需求引领的创新循环指南》获批成为国家标准。

坚持转型升级。落实供给侧结构性改革，调整优化产业布局，积极推进智能制造升级，努力实现高质量发展。2013年起，格力相继进军智能装备、通信设备、模具等领域，已经从专业空调生产延伸至多元化的高端技术产业。目前，格力智能装备不仅为自身自动化改造提供先进设备，同时也为家电、汽车、食品、3C数码、建材卫浴等众多行业提供服务。人均产值从2012年的91.2万元跃升至2018年的149.6万元。

（2）银隆新能源股份有限公司

银隆新能源股份有限公司（简称"银隆"）成立于2008年，是一家集锂电池核心材料、电池、电机电控、充电设备、智能储能系统、纯电动整车研发、生产、销售及动力电池回收梯次利用为一体的全球综合性新能源产业集团。公司以科技创新为核心，打造新能源闭合式循环产业链，旗下拥有广通汽车、奥钛储能两大品牌，总部位于珠海，拥有邯郸、石家庄、成都、天津、南京、洛阳、兰州等产业园。公司先后获得"中国民营企业制造业500强""广东省百强民营企业""广东省知识产权优势企业""全国质量信得过产品""广东省高新技术产品"等荣誉。

银隆以6+1的研发体系，加快技术创新与产业升级的步伐。在全球拥有材料研究院、电池研究院、商用/专用车研究院、电池应用及工艺研究院、储能系统研究院、燃料电池研究院等6个研究院和1个省级技术中心。银隆实行"生产一代、试制一代、研究一代、构思一代"的研发战略，致力于锂电池、新能源整车、储能系统的技术、工艺、产品等方面的创新工作。近年来逐步搭建各大板块的技术创新平台，研发投入不设上限，按需申请。同时，研发体系紧跟前沿科技动态，确保产品的前瞻性和先进性，并建立完善的新产品开发流程，确保项目开发进度，提高研发成果的转化率。此外，银隆还加大探索各大领域应用模式的研发力度，致力于打造5G绿色智慧能源生态体系，并提出十大储能应用领域系统解决方案，包括工业调峰、电网调频、商业综合体、数据中心、通信基站、轨道交通、家庭储能、智能充电、船舶岸电、风光消纳等，融高效发电、安全储电、可靠变电、高效用电于一体，能进行实时能源控制、能源信息集中管理，研发贯穿电力系统发、输、配、用的各个环节。

5.3.4 珠海市主要政府部门的积极作为

珠海市紧紧围绕建设"国际化创新型城市和粤港澳大湾区创新高地"总目标，积极参与"两点两廊"建设，以实施创新驱动发展战略作为核心战略和总抓手，以科技创新为核心带动全面创新，以体制机制改革激发创新活力，以高效率创新体系支撑创新型城市建设，推进创新型经济持续健康发展。

在创新载体建设方面，珠海市实施高新技术企业树标提质行动，遴选高新技术企业百强企业，继续培育引进一批高成长创新型企业。推动南方海洋科学与工程广东省实验室（珠海）、横琴先进智能计算平台加快建设。承接广深港澳创新资源外溢，鼓励在珠高校创新发展，支持开设集成电路、生物医药、新材料、新能源等专业学科。

在培育创新主体方面，2019年珠海市新登记商事主体5.59万户。新增规模以上工业企业200家。格力电器进入世界500强。高新技术企业总数达2203家，规模以上工业企业研发机构覆盖率达45%。

在科技体制改革方面，完成政府机构改革，实施高质量发展综合绩效评价体系，"放管服"改革纵深推进，金湾区获评"中国营商环境示范区"。健全政府投资引导基金体系，引导私募基金加大对珠海市产业投入。推进国家知识产权保护中心建设。进一步落实"珠海英才计划"。

在创新产出方面，2019年珠海市自贸区新落地57项制度创新成果，高新区排全国第22位、上升4位，科技创新发展指数进入全国十强。

5.4 汕头市

5.4.1 汕头市创新现状描述

（1）国民经济综合发展概况

2019年汕头市实现地区生产总值2694.08亿元，排广东省第11位，比上年增长6.1%，增速低于广东省（6.2%）0.1个百分点。2009—2019年汕头市地区生产总值及占广东省比重如图5-7所示，汕头市地区生产总值总量在逐年提升，近年来占广东省比值保持在2.5%左右。

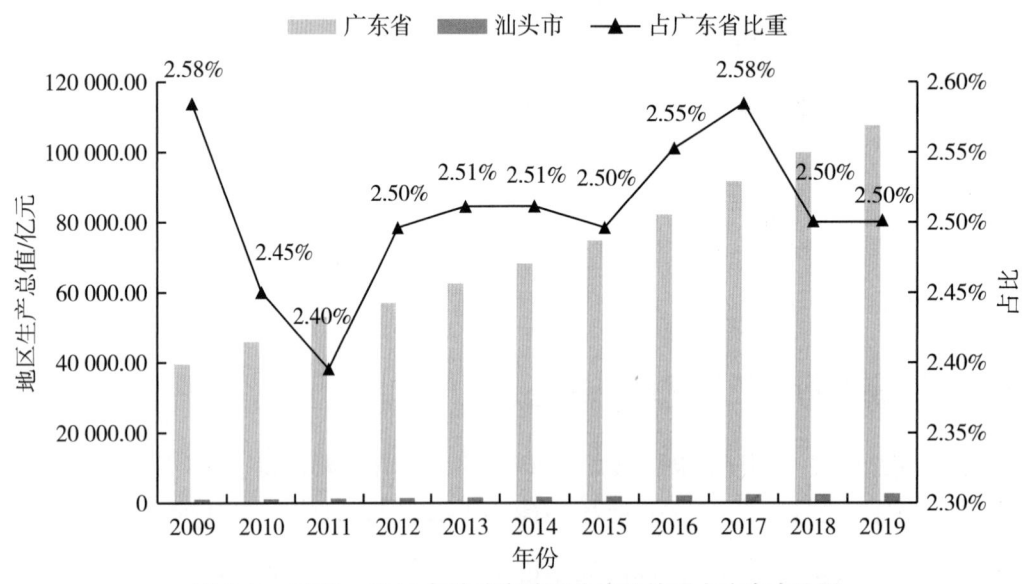

图5-7　2009—2019年汕头市地区生产总值及占广东省比重

（资料来源：《广东统计年鉴2020》）

2019年，汕头市年末人口数566.48万人，人均生产总值47 558元，排广东省第12位，增长5.6%。全年城镇新增就业人员4.91万人，下降8.9%，年末就业人员数为248.29万人，排全省第9位，全市城镇登记失业人数1.86万人，城镇登记失业率为2.47%。第三产业增加值1293.50亿元，排广东省第11位，增长8.7%，三次产业结构由上年的4.4∶48.8∶46.8调整为4.5∶47.5∶48.0。总体而言，汕头市总量指标位于广东省内中等水平，但相较广东省珠三角经济发达地区差距依旧很大，仍有待追赶广东省平均水平。

（2）工业发展情况

2019年，汕头市完成工业增加值比上年增长3.1%，占地区生产总值的比重由上年的42.6%下降为40.8%，规模以上工业增加值676.71亿元，同比下降15.35%。先进制造业和高技术制造业增加值分别增长5.1%与3.5%。全年全部工业总产值增长2.4%。其中，规模以上工业总产值增长1.3%，占全部工业总产值的比重为72.8%。在规模以上工业总产值中，国有及国有控股企业增长1.4%、集体企业下降4.9%、股份制企业增长2.6%、外商及港澳台商投资企业下降3.3%；大中型企业下降1.2%；轻、重工业中重工业产值占规模以上工业总产值的比重为27.4%。规模以上工业实现工业销售产值增长0.4%，完成工业出口交货值下降5.2%，工业产品销售率95.5%。2019年规模以上工业企业1887个，其中亏损企业160个，比上年增长16.8%；实现利润总额221.68亿元，增长9.0%，其中亏损企业亏损额8.57亿元，下降9.3%。

（3）科技发展情况

2019年，汕头市R&D经费投入达到28.32亿元，同比增长21.8%。R&D投入强度（R&D经费占GDP的比重）达1.05%，对比上年提高0.12个百分点，历史上首次突破1%。按单位类型分，工业企业R&D经费投入23.26亿元，比上年增长20.9%，非工业企业（服务业和建筑业）R&D经费投入0.36亿元，比上年下降62.1%，企业R&D投入合计23.62亿元，占比83.4%；高等院校投入3.07亿元，比上年增长12.9%；科技机构投入0.87亿元，比上年增长370.5%。按投入类型分，基础研究经费2.32亿元，比上年增长18.4%；应用研究经费1.27亿元，比上年增长23.3%；试验发展经费24.73亿元，比上年增长20.5%。

2019年，汕头市县及县以上国有独立研究与开发机构、科研情报和文献机构17个，签订各类技术合同35项，比上年增长84.2%，技术交易额4402.15万元，增长428.8%。专利申请量20 024件，增长10.4%，其中发明专利申请量1056件，下降21.2%；专利授权量14 809件，增长17.1%，其中发明专利授权量331件，下降18.9%。至2019年年末，省认定高新企业715家，全部达到国家级高新企业标准。

2019年，汕头市R&D活动人员达到15 487人，比上年增长4.8%，其中企业R&D人员13 046人，比上年增长2.8%，企业人员占比达到84.2%。

5.4.2 汕头市创新模式

在创新基础、创新资源、创新环境方面,汕头先后涌现出"高性能印制电路板""彩色超声诊断系统""特种电子化学品""多层膜吹塑成套装备""智能挤出成型成套装备""有核珍珠培育技术"等一批重大科技成果,拥有了汕头超声电子、光华科技、西陇科学、金明精机、达诚股份、绍河珍珠等一批龙头科技企业,形成了特色明显的新材料、机械装备、电子信息、医药工业等高新技术产业集聚。建设了国家级高新区、省级龙湖高新区,已有化学与精细化工广东省实验室、汕头轻工装备研究院、汕头广工大协同创新研究院等9家省级新型研发机构及227家省级工程技术研究中心等一批科技创新平台。

在创新主体发展方面,高新技术企业已成为汕头市现代产业体系的主导力量,科技创新主体的不断发展壮大,推动了汕头市产业结构的优化升级。2019年,汕头市共有高新技术企业714家,实现销售收入701亿元。在国内A股上市的高新技术企业有25家,占汕头上市企业总数的78%。汕头市科技部门坚持新发展理念,推动高新技术产业化和传统产业高新技术化,扎实开展相关工作,一方面是落实落细创新政策,持续优化汕头市的科技创新发展环境;另一方面是依托汕头大学、化学与精细化工广东省实验室、高新技术龙头企业,围绕汕头市重点发展领域的前沿技术、关键共性技术,发展高新技术产业。依托高新技术企业、省级工程技术研究中心、新型研发机构等,围绕汕头市支柱产业开展核心技术攻关,推动传统产业高新技术化。同时建设科技成果转化机构、科技企业孵化载体,提升中小企业技术创新能力。坚持协同创新,推进产学研合作实现科技创新资源外源性供给,推动产业链相关企业建设科技创新联盟,实现优势互补,共同发展。突出重点,培育数字化机械装备、功能性薄膜、海洋藻类等一批已有基础、潜力大和高附加值的产业快速发展。

5.4.3 汕头市创新能力评价

2019年汕头市创新能力全省排第15位,较2018年下降1位(表5-5)。分指标分析,投入排名无变化,排名全省第11位,但指标值有所上升;产出排第15位,较2018年上升1位;产业升级排第11位,上升2位;产业创新环境排第18位,较2018年下降1位。

表5-5 汕头市创新能力排名

指标名称	2018年综合指标		2019年综合指标	
	指标值	排名	指标值	排名
综合值	13.29	14	15.61	15
1 投入	11.92	11	14.47	11
1.1 全社会R&D经费支出与GDP之比	14.85	11	16.92	11
1.2 每万名就业人员中R&D人员数量	16.06	9	13.24	10

续表

指标名称	2018年综合指标		2019年综合指标	
	指标值	排名	指标值	排名
1.3　规模以上工业企业研发经费支出占主营业务收入比重	11.92	11	19.74	10
1.4　地方财政科技拨款占地方财政支出比重	4.86	16	7.96	13
2　产出	6.43	16	8.16	15
2.1　万人有效发明专利拥有量	3.82	9	3.65	9
2.2　PCT专利申请数占全省PCT专利申请量的比重	0.27	9	0.17	11
2.3　高技术制造业增加值占规模以上工业比重	7.50	18	8.69	17
2.4　新产品销售收入占主营业务收入比重	15.08	16	25.80	13
2.5　形成国家或行业标准数量	5.50	8	2.50	8
3　产业升级	31.46	13	33.42	11
3.1　第三产业增加值占GDP比重	14.60	14	21.15	13
3.2　先进制造业增加值	3.61	11	3.24	10
3.3　单位GDP能耗增长速度	85.83	10	75.87	12
4　产业创新环境	8.34	17	11.44	18
4.1　高校和科研院所研发支出来自企业的比例	21.80	14	18.70	17
4.2　全员劳动生产率	23.89	14	23.89	14
4.3　科研机构数	5.59	13	5.56	12
4.4　每千人拥有的企业数	6.96	9	8.42	13
4.5　获得风险投资金额	0.40	10	0.64	8

从具体指标排名来看，创新投入指标排名都处于全省中等水平，2019年规模以上工业企业研发经费支出占主营业务收入比重和地方财政科技拨款占地方财政支出比重两指标排名分别上升1位和3位；创新产出方面，高技术制造业增加值占规模以上工业比重2019年全省排名较低，为第17位；产业升级指标方面，单位GDP能耗增长速度指标排名下降2位，2019年排全省第12位；产业创新环境方面，每千人拥有的企业数指标排名降幅较大，但科研机构数及获得风险投资金额指标排名上升。

5.4.4　汕头市主要企业或行业创新活动分析

2019年广东省创新企业100强排行榜中，汕头市入围的企业只有星辉互动娱乐股份有限公司（简称"星辉娱乐"）。

星辉娱乐于2000年在广东省汕头市成立，是粤东首家创业板上市公司，于2010年登陆中国 A 股资本市场。星辉娱乐旗下业务范围覆盖足球俱乐部、游戏、玩具等领域，在国内的汕头、广州、香港、深圳，以及西班牙巴塞罗那等地设有办公室，是国内领先的综合文体娱乐产业企业之一。

2019 年 6 月，文化和旅游部发布《关于对〈文化产业促进法（草案征求意见稿）〉公开征求意见的公告》，旨在促进文化产业结构调整和布局优化，鼓励文化产业内容、技术、业态等方面的创新，推动文化产业高质量发展。在全面深化文化体制改革、不断提振文化消费需求的背景下，全国规模以上文化及相关产业企业实现营业收入 8.66 万亿元，保持平稳较快发展。

星辉娱乐建立了科学完善的研发创新制度，将创新作为一项企业战略发展的长期任务。通过一系列创新激励制度，发挥企业内部人员的工作积极性，从而有效增强企业持续创新能力。在玩具业务方面，公司利用以往技术研发所积累的多项专利技术，以及先进的计算机辅助设计技术和电子数码技术等工业技术，创新开发出普及型的动态车模。同时，为了提升自主研发能力，缩短研发周期，公司组建了车模研发综合实验室，将用于汽车工业的 SLA 激光快速成型机应用于车模研发设计，使得车模的研发周期从 1 年以上缩短为 4 个月以内。在游戏业务方面，公司游戏业务具备"研发＋发行＋运营"的一体化全流程运营优势和用户资源的积累，是公司游戏板块快速发展的实力保障。公司以构建优秀制作人经营平台及精品游戏服务平台为理念，建立了优秀的研发与运营团队，通过国际化、系列化、品牌化的产品开发策略专注于精品网络游戏的研发发行，并依托与腾讯等平台良好的合作关系，形成了较强的独家代理发行能力，打造了公司游戏业务"研运一体、流量经营"的竞争优势。2019 年玩具板块公司共申请专利 14 件，包括实用新型专利 11 件、外观设计专利 3 件；公司共取得专利 9 件，包括实用新型专利 7 件、外观设计专利 2 件。

5.4.5 汕头市主要政府部门的积极作为

2017 年 3 月，汕头市市委、市政府决定出台《汕头市促进科技创新发展若干措施》，在支持培育发展高新技术企业、企业研发财政补助、新型研发机构、企业研发机构、创业器和众创空间、工业企业技术改造、引进优质创新资源、引进创新人才和团队等 16 个方面提出若干支持政策。

全面聚焦高新技术企业培育、新型研发机构建设、企业技术改造、孵化育成体系建设、高水平大学建设、自主核心技术攻关、创新人才队伍建设、科技金融结合等八大举措，以科技创新为核心，以体制机制创新为动力，以创新体系为支撑，推动发展动能实现根本转换，为全面振兴发展提供强大动力。强化企业创新主体地位，加大高新技术企业培育力度。加快重大创新平台规划建设，发挥华侨试验区、国家高新区和临港经济区这三大平台的示范引领作用，为汕头全面振兴发展提供坚强有力的支撑。加强创新人才队伍建设。大力推进产业创新，继续深入实施工业转型升级攻坚战三年行动计划，重点推进"十百千"工程和工业"互联网＋"行动计划，建立企业创新倒逼机制，在电子信息、印刷包装、化工塑料等重点耗能行业，强化能耗、环保、质量、安全等约束机制，促进落后和过剩产能加快退出，焕发传统产业新的生机。创新体制机制，激发科研创新的活力。抓住供给侧结构性改革这一经济发展主线不放松，围绕促进转方式调结构、培育战略性新兴产业、加快建设重点项目等方面需求，推动科技成果转移转化，以创新发展的思维和方式推动"三去一降一补"取得实质性进展。

5.5 佛山市

5.5.1 佛山市创新现状描述

（1）国民经济综合发展概况

2019年，佛山地区生产总值10 751.02亿元，排全省第3位，比上年增长6.9%，增速高出全国（6.1%）0.8个百分点，高出全省（6.2%）0.7个百分点。佛山市2009—2019年地区生产总值及占广东省比重情况如图5-8所示。佛山市地区生产总值近年来在广东省内占比呈下降趋势，2019年较2009年下降2.3个百分点。

2019年年末人口数815.86万人，人均GDP为131 775元，全省排第4位；就业人员年末数为531.43万人，排全省第4位；区域创新综合值36.54，排全省第5位。总体看，佛山市各项指标在全省靠前，属于广东21个地市的第二梯队城市。

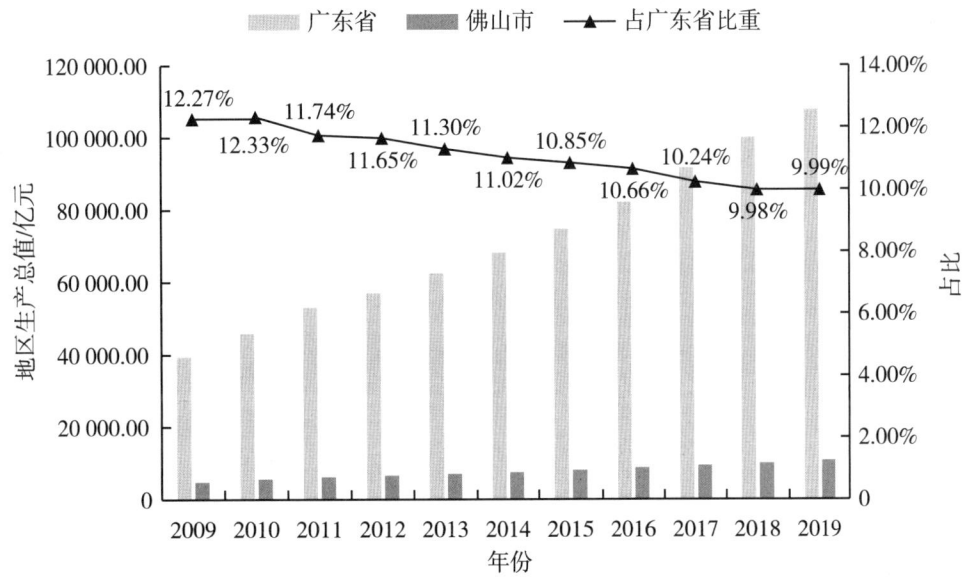

图 5-8　2009—2019年佛山市地区生产总值及占广东省比重

（资料来源：《广东统计年鉴2020》）

（2）工业发展情况

2019年，佛山市规模以上工业实现增加值48 744.23亿元，增长7%。先进制造业增加值2423.58亿元，增长8.7%，高技术制造业增加值293.12亿元，增长5.6%，现代服务业增加值2734.64亿元，增长8.3%。其中，医药制造业增长15.7%，计算机及办公设备制造业增长11.8%，医疗仪器设备及仪器仪表制造业增长10.0%，高端电子信息制造业增长3.5%，先进装备制造业增长9.5%，石油化工产业增长12.8%，先进轻纺制造业增长8.4%，新材料制造业增长4.3%，生物医药及高性能医疗器械制造业增长18.7%。2019年进出口总额4827.6亿元，比上年增长5.0%，其中出口3727.7亿元，增长5.7%，进口1099.9亿元，增长2.6%，实现外贸顺差2627.8亿元。

佛山高新区是佛山制造业、创新驱动的排头兵、先锋，已形成汽车整车及零部件制造、高端装备制造、光电、新材料、智能家电、生命健康等6个高新技术产业集群，集聚了一汽大众等世界500强投资企业54家，上市及新三板挂牌企业59家，聚集的343家高新技术企业约占佛山全市高新技术企业数量的一半。按照创建国家高新区20强的目标，佛山高新区要在2020年达到1200家高新技术企业。目前已向科技部申报建设中国（广东）机器人集成创新中心，把集成商、企业聚集到高新区，为产业转型升级奠定初步基础。佛山是全国的制造业大市。

（3）科技发展情况

1）科技发展统计

2019年，佛山市财政科技投入98.16亿元、市创新创业引导基金总规模达90.7亿元、国家高新技术企业总数达4834家、实现全职引进中国两院院士零的突破。2019年，佛山市专利申请总量为81 011件，其中发明专利申请量为16 887件。2019年，佛山市专利授权总量为58 747件，同比增长15.17%，其中发明专利授权量4582件。截至2019年年底，佛山市有效发明专利总量为23 045件，同比增长18.20%，万人有效发明专利拥有量29.15件，排全省第5位。

2）创新模式

2019年，佛山继续发挥本土工业体系较为健全的优势，通过扩大有效工业投资和工业技改投资，并加强与包括清华大学及香港理工大学在内的高校之间的科研创新及人才培育合作，持续推进产业结构转型升级，实现经济高质量发展。

培育先进制造业产业集群。目前佛山市已形成较为健全的工业体系，涵盖了几乎所有制造业行业，其中家电、家具、陶瓷、机械装备、金属加工等传统行业优势突出。在此基础之上，佛山市近几年紧盯先进制造业发展，2019年佛山下辖国家高新技术企业达4834家。佛山市提出"2+2+4"产业发展格局，即到2020年培育装备制造和泛家居2个超万亿的先进制造业产业集群，到2025年再培育2个超5000亿元、4个超3000亿元的先进制造业产业集群。下一步佛山将深入实施"强核""立柱""强链""优化布局""品质""培土"六大工程，做大做强装备制造、泛家居、汽车及新能源、电子信息等先进制造业集群，打造"2+2+4"产业发展新格局。

引进大院大所组建创新载体100家。佛山政府工作报告明确，将加快建设清华大学佛山先进制造研究院、中科院苏州纳米所广东（佛山）研究院等政产学研协同创新平台，在2020年实现累计引进大院大所组建创新载体100家的目标。

培养内生型人才。佛山将继续推动高等教育跨越发展，高标准规划建设香港理工大学（佛山），推进佛山科学技术学院高水平理工科大学和"强特色"建设，支持顺德职业技术学院建设中国特色高水平高职学校、佛山职业技术学院建设广东省一流高职院校，并加快广州美术学院佛山校区等合作共建项目建设。据不完全统计，目前有6所香港名校已在或拟在珠三角地区建立分校，包括香港中文大学（深圳）、香港理工大学（佛山）、香港城市大学（东莞）、香港科技大学（广州）、香港公开大学（肇庆）及北京师范大学—香港浸会大学联合国际学院（珠海）。其中香港中文大学深圳校区及落地珠海的北京师范大学—香港浸会大学联合国际学院前些年已正式招生运营。

5.5.2 佛山市创新能力评价

2019年，佛山市创新能力全省排第5位，与2018年相比未发生变化（表5-6）。从指标分析结果看出，投入方面，佛山市排全省第3位，较2018年上升1位；产出方面，排第6位，与2018年持平；产业升级方面进步较大，由2018年的第8位提升到2019年的第3位；产业创新环境排第7位，较2018年下降3位。

从具体指标来看，投入方面，地方财政科技拨款占地方财政支出比重排名处于全省领先水平，但每万名就业人员中R&D人员数量排名有所下降。产出方面，子项指标排名与2018年相比变化不大，但高技术制造业增加值占规模以上工业比重在全省排名较为靠后。产业升级方面，单位GDP能耗增长速度指标排名由2018年的第4位提升至第1位，应继续保持。产业创新环境方面，整体及子项指标基本稳定，但科技支出占财政总支出比例在省内处于落后位置。

表5-6 佛山市创新能力指标分析

指标名称	2018年综合指标		2019年综合指标	
	指标值	排名	指标值	排名
综合值	33.70	5	36.54	5
1 投入	46.97	4	55.87	3
1.1 全社会R&D经费支出与GDP之比	52.44	5	51.61	5
1.2 每万名就业人员中R&D人员数量	55.33	3	53.34	6
1.3 规模以上工业企业研发经费支出占主营业务收入比重	30.19	8	32.85	9
1.4 地方财政科技拨款占地方财政支出比重	49.92	4	85.66	2

续表

指标名称	2018年综合指标		2019年综合指标	
	指标值	排名	指标值	排名
2　产出	22.51	6	20.40	6
2.1　万人有效发明专利拥有量	26.17	5	26.71	5
2.2　PCT专利申请数占全省PCT专利申请量的比重	4.73	4	4.87	4
2.3　高技术制造业增加值占规模以上工业比重	8.10	17	8.93	16
2.4　新产品销售收入占主营业务收入比重	34.54	9	40.17	9
2.5　形成国家或行业标准数量	39.00	3	21.35	3
3　产业升级	36.48	8	46.44	3
3.1　第三产业增加值占GDP比重	5.71	19	2.12	19
3.2　先进制造业增加值	33.97	3	37.19	3
3.3　单位GDP能耗增长速度	91.24	4	100.00	1
4　产业创新环境	31.64	4	28.67	7
4.1　高校和科研院所研发支出来自企业的比例	15.01	15	34.93	13
4.2　全员劳动生产率	43.10	5	43.10	5
4.3　科研机构数	18.63	5	17.78	5
4.4　每千人拥有的企业数	41.45	6	39.59	6
4.5　获得风险投资金额	5.11	5	7.97	5

总体来看，佛山市创新能力位居广东省前列，多数创新衡量指标保持增长态势，尤其是对知识产权的重视程度增大。单位GDP能耗增长速度指标排名的大幅提升也显示出企业生产技术水平、经营管理水平、职工技术熟练程度和劳动积极性的提高。但是，高技术制造业增加值占规模以上工业比重排名提示佛山市应进一步注重发展高技术制造业，推动产业转型升级。

5.5.3　佛山市主要企业及行业的创新活动分析

（1）美的集团股份有限公司

美的集团股份有限公司（简称"美的集团"）成立于1968年，经过50多年的年发展，已成为一家集消费电器、暖通空调、机器人与自动化系统、数字化业务四大板块为一体的全球化科技集团，产品及服务惠及全球200多个国家和地区约4亿用户。2019年美的集团营业总收入达到2794亿元，全球共有15万员工，入选《财富》世界500强第307位。

美的集团秉承"要么第一，要么唯一"的战略，持续加强研发投入，布局全球优势研发资源，构建六大研发中心，涵盖33个研究领域，形成从共性基础技术到个性化关键技术的技术图谱。近年来，美的集团通过跨界融合、人工智能、数字仿真上的技术突破，不断创新升级产品，积极推动行业发展。迄今为止，美的集团专利授权维持量达5.7万件，授权发明专利连续4年排家电行业第1位，近5年研发投入达到400亿元，现有研发人员超过1万人。

美的集团创建四级研发体系，着力构建"4+2"全球化研发网络，在11个国家建立28个研发中心，其中海外研发中心18个。通过整合研发资源，加速技术研究，实现本土化开发，逐步建立研发规模优势。加强对外合作，深化战略项目研究，整合全球优势技术资源，实现全球融智的开放式创新。形成了美的集团独具特色的四级研发体系、全球研发布局、开放式创新的开放式三位一体创新体系。

（2）海信家电集团股份有限公司

海信家电集团股份有限公司（简称"海信家电"），最早可追溯为1984年创立的广东珠江冰箱厂。经过30多年的发展，海信家电现已成为以家电制造为主的全球超大规模企业，主营业务涵盖了电冰箱、家用空调、中央空调、洗衣机、厨房电器、环境电器、商用冷链、模具等领域产品的研发、制造、营销和售后服务，产品涵盖海信、科龙、容声、日本"HITACHI"、美国"YORK"（中国区域）五大品牌。

海信家电在顺德、青岛设立了研发中心，并在美国、日本、英国等地设立了科研机构，由上千名技术人员组成了业内领先的研发团队，时刻与世界主流家电技术保持同步，曾两次获得国家科技进步奖二等奖，还获得联合国节能明星大奖、中国专利奖外观设计金奖、IF设计奖等，多次获得省级以上科技大奖。

公司始终秉承"技术立企"的发展战略，以"科技温暖家庭"为理念，以"智能""节能""健康""绿色"为核心，通过不断技术创新持续打造核心竞争力。公司设有国家级企业技术中心、企业博士后科研工作站、国家认可实验室、广东省重点工程技术研究开发中心、模拟用户实验室等一流研发机构，拥有上千名研发人员组成的业内领先的研发团队，时刻与世界主流家电技术保持同步，推进着研究成果的不断创新，致力于提升人类的生活品质。

持续进行技术产品创新迭代，紧抓细分市场机遇。近年来，海信家电在产品技术上一直紧紧围绕"做高质量的好产品"战略，通过不断地技术创新和产品升级，推出了一系列深受消费者喜爱的差异化产品，赢得了海内外消费者的认可。

坚定执行高端战略，向世界家电制造企业转型。面对国内家电制造业的压力与挑战，海信家电决定全面贯彻"保规模、调结构、讲价值、提效率"的经营方针，聚焦海内外重点市场和增量市场，继续重点落实高端战略，聚焦高端推广，持续改善销售结构，实现规模与盈利的稳步增长。同时，持续完善质量体系建设及关键技术的提升，打造高质量差异化产品，提高产品竞争力。此外，布局多品牌运营，明确品牌定位和区隔，强化品牌标签，提升品牌价值。

（3）广东格兰仕集团有限公司

广东格兰仕集团有限公司（简称"格兰仕"）是一家综合性白色家电和智能家居解决方案提供商，是中国家电业具有广泛国际影响力的龙头企业之一。格兰仕1978年9月28日创业以来，一直专注在制造业创新发展，与时俱进擦亮"中国制造"金字招牌。

聚焦核心技术攻关。由格兰仕牵头自研的"BF—细滘"芯片已量产应用到格兰仕智能家电中。该芯片由广东跃昉科技有限公司（简称"跃昉科技"）设计研发，是世界首款基于RISC-V指令集架构的集WiFi和BLE（蓝牙低能耗技术）于一体的面向物联网连接的芯片产品。跃昉科技是由格兰仕发起，与恒基（中国）、赛昉科技共同成立的芯片设计公司，主导在顺德建设世界级开源芯片产研城项目。该公司致力于研发基于RISC-V开源架构的AIoT SOC芯片，面向全球提供成熟稳定、高性价比的系统级解决方案。

持续提升产业链自主可控性。格兰仕的目标，是在5G万物互联时代，在全球技术高地中把握主导地位，打造一个属于中国的开源芯片生态，形成一批国产自主专利的芯片，广泛赋能中国的传统制造业务，让芯片设计彻底平民化，变成人人可用的RISC-V服务。经过20多年的技术研发积累，目前，包括磁控管、变压器、压缩机、电路板、电机等，格兰仕都能自主生产，形成强大的家电自我核心配套能力。格兰仕近年来不断推进全产业链技术自主化，在开源芯片、边缘计算等前沿科技投入上下功夫，可以说就是为了打通全产业链的"最后一公里"。

增强科技人才储备。据公开资料显示，2020年全国总体招聘需求下降34%，应届毕业生招聘需求下降44%，小微企业招聘需求下降52%。这种情况下，格兰仕却不裁员不减薪，年初便启动14 000人的大招聘计划，提供包括10 000个一线技工、3000个应届毕业生和1000个专家工程师的就业岗位，10月的万人大招聘计划已经落实，现在又在顺德总部厂区面向全国追加招聘5000人，包括一线技工和智能制造、数据研发、算法工程师等高级人才岗位。

用好产品带动需求升级。为助力扩大内需，升级消费，格兰仕不断加大全品类优质产品的"双循环"力度。在国内疫情正紧张的上半年，格兰仕只花了50天，便建成了年产1100万台健康家电的工业4.0智能制造基地。作为格兰仕工业4.0基地一期工程，这仅是开始。据透露，未来三年，格兰仕计划在顺德投资100亿元建设工业4.0等产业项目，其中工业4.0智能家电制造示范基地项目总投资30亿元，建设年产能3600万台产品的世界级工业4.0工厂。

5.5.4 佛山市主要政府部门的积极作为

2019年5月，佛山制定的《佛山市全面建设国家创新型城市促进科技创新推动高质量发展若干政策措施》出台，35条具体、实在的举措，为佛山提升创新创业环境提供政策保障。

积极投身粤港澳大湾区国际科技创新中心建设。以香港科技大学佛山智能制造研究院为代表，佛山持续深化与港澳科技力量的合作。目前，该研究院与香港科技大学成果转化中心实行两个牌子、一套人马办公，2019年已遴选一批科研项目和团队项目，并有个别团队项目在佛山南海区落户。

企业创新主体地位不断凸显。除了高新技术企业总数达到 4834 家，以企业为主力建设的省重点实验室建设工作也稳步推进，在 2018—2019 年广东省科技基础条件建设领域第一批项目中，佛山推荐广东美的制冷设备有限公司、广东溢达纺织有限公司、广东联塑科技实业有限公司、广东一方制药有限公司、广东盛路通信科技股份有限公司 5 家行业龙头企业申报省级企业重点实验室，最终均获批组建。目前，全市省（企业）重点实验室达到 29 家。

加速推进新型研发机构建设。龙湾高端创新集聚区、佛山高新区、季华实验室、仙湖实验室、华南高等研究院、中国电科华南创新中心等重大平台载体和新型研发机构建设如火如荼。佛山高新区内高新技术企业、新型研发机构、省级创新创业团队、博士后工作站等数量均占全市一半以上；季华实验室成功全职引进中国科学院院士——叶恒强院士，实现佛山市全职引进中国两院院士零的突破。

加强人才培养与引进。佛山将在落实"人才新政 23 条"的基础上，依托省实验室等平台，年内新增省级创新创业团队 5 个、中高端人才 1800 人以上。同时，推进佛山科学技术学院高水平理工科大学和"强特色"建设，高标准规划建设香港理工大学（佛山）等。鼓励支持科研单位通过双聘、科技特派员等方式柔性引进、使用人才，推进季华实验室人才小区建设。

营造良好创新环境。佛山市加快落实国家深化项目评审、人才评价、机构评估"三评"改革，加快推进市科技大数据平台建设，将科技信用和诚信管理作为平台重点建设内容，强化信用和诚信的落实执行和审核运用。同时，推进国家科技成果转移转化示范区、国家知识产权强市、全国版权示范城市、创新驱动助力工程示范市建设工作。

5.6 韶关市

5.6.1 韶关市创新现状描述

（1）国民经济和社会发展综合概况

2019 年，韶关市地区生产总值 1318.41 亿元，排广东省第 15 位，同比增长 6.0%，增速低于全国（6.1%）0.1 个百分点，低于全省（6.2%）0.2 个百分点，与前两位深圳市和广州市差距 10 倍以上，韶关市 2009—2019 年地区生产总值及占广东省比重如图 5-9 所示。

2019 年年末，韶关市常住人口数为 303.04 万，人均生产总值为 43 506 元，全省排第 14 位，低于广东省平均水平（94 172 元）50 666 元。2019 年，韶关市就业人员年末人数为 133.82 万，排广东省第 17 位；第三产业增加值 700.59 亿元，排广东省第 15 位；区域创新综合值为 19.97，排广东省第 9 位，总体而言，韶关市国民经济发展水平在广东省处于中下游，创新能力排名中上游。

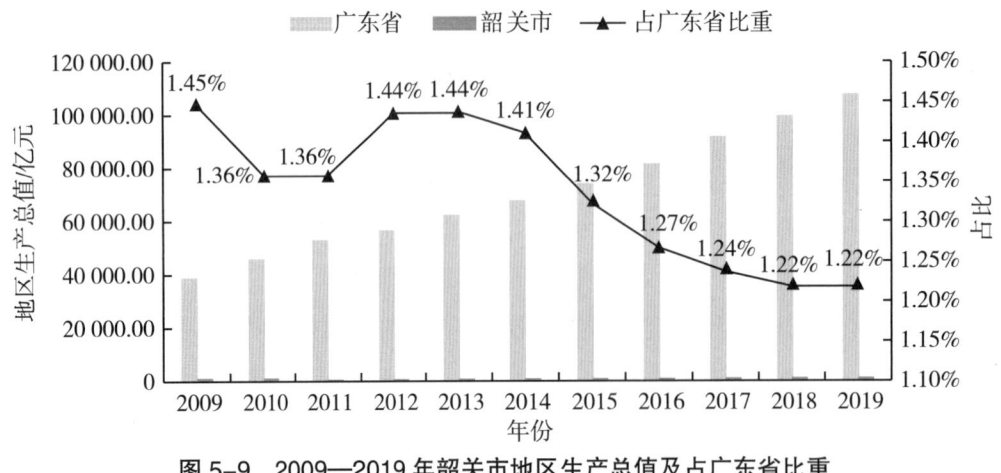

图 5-9　2009—2019 年韶关市地区生产总值及占广东省比重

（资料来源：《广东统计年鉴 2020》）

（2）工业发展情况

2019 年，韶关市全部工业增加值 367.78 亿元，增长 5.3%。年末规模以上工业企业 454 个，规模以上工业增加值 333.57 亿元，增长 4.7%。在规模以上工业中，国有及国有控股工业增加值 188.21 亿元，增长 4.1%。股份制工业增加值 281.81 亿元，增长 5.5%；民营工业增加值 100.12 亿元，增长 8.8%；外商及港澳台工业增加值 47.03 亿元，增长 0.1%。轻工业增加值 95.04 亿元，持平；重工业增加值 238.53 亿元，增长 7.1%。年末产业转移园规模以上工业企业 300 个，规模以上工业增加值 124.06 亿元，增长 6.4%。

主要行业工业增加值：制药工业下降 4%，钢铁工业增长 14.1%，机械工业增长 11.6%，玩具工业增长 7.3%，电力工业增长 7.6%，烟草工业下降 1.3%，有色金属工业增长 2.1%。

全年规模以上工业企业资产贡献率 10.93%，资产保值增值率 113.52%，资产负债率 60.21%，成本费用利润率 6.83%。主营业务收入 1150.29 亿元，增长 4.5%。利税总额 159.16 亿元，下降 11%。利润总额 73.84 亿元，下降 16.8%，其中亏损企业亏损额 10.48 亿元，下降 24.2%。

（3）科技发展情况

2019 年，韶关市新增国家高新技术企业 69 家、省级工程技术研发中心 15 家、企业类省重点实验室 1 家。年末拥有省级工程技术研究中心 76 家，省、市工程技术研发中心累计达到 229 家，国家级高新技术企业 236 家，省级火炬计划特色产业基地 3 个，省重点实验室 2 家，获广东省科学技术奖 1 项。2019 年，全市专利申请量 4818 件，其中发明专利申请量 763 件。全市专利授权量 3307 件，其中发明专利授权量 157 件。

5.6.2　韶关市创新能力评价

2019 年韶关市创新能力全省排第 9 位，对比 2018 年，综合指标值略有上升，排名提升 1 位，

（表 5-7）。分指标分析，韶关市创新能力投入全省排第 9 位，与 2018 年排名一致；产出排第 16 位，对比 2018 年，指标值下降，排名下降 2 位；产业升级指标全省排第 12 位，排名下降 1 位；产业创新环境指标排名上升，全省排第 10 位，较 2018 年排名提升 3 位。总体来说，韶关市创新能力在广东省处于中上游水平。

表 5-7 韶关市创新能力指标分析

指标名称	2018 年综合指标		2019 年综合指标	
	指标值	排名	指标值	排名
综合值	17.39	10	19.97	9
1.投入	19.53	9	23.55	9
1.1 全社会 R&D 经费支出与 GDP 之比	23.90	8	25.48	9
1.2 每万名就业人员中 R&D 人员数量	12.94	11	13.48	9
1.3 规模以上工业企业研发经费支出占主营业务收入比重	35.45	5	40.72	5
1.4 地方财政科技拨款占地方财政支出比重	5.83	15	14.51	10
2.产出	8.60	14	6.85	16
2.1 万人有效发明专利拥有量	1.65	12	1.73	11
2.2 PCT 专利申请数占全省 PCT 专利申请量的比重	0.24	10	0.01	20
2.3 高技术制造业增加值占规模以上工业比重	9.15	15	9.44	15
2.4 新产品销售收入占主营业务收入比重	30.83	11	21.27	15
2.5 形成国家或行业标准数量	1.13	15	1.82	12
3.产业升级	35.48	11	31.89	12
3.1 第三产业增加值占 GDP 比重	46.67	3	38.33	5
3.2 先进制造业增加值	1.04	16	1.09	16
3.3 单位 GDP 能耗增长速度	55.96	17	56.23	16
4.产业创新环境	11.34	13	22.59	10
4.1 高校和科研院所研发支出来自企业的比例	38.25	6	56.58	5
4.2 全员劳动生产率	36.68	8	36.68	8
4.3 科研机构数	9.94	6	9.44	6
4.4 每千人拥有的企业数	4.10	14	10.18	12
4.5 获得风险投资金额	0.13	13	0.08	14

从具体指标分析，在投入方面，尽管投入指标排第9位不变，但是韶关市地方财政科技拨款占地方财政支出比重较2018年提升了5位，规模以上工业企业研发经费支出占主营业务收入比重全省排第5位，位于全省前列。在产出方面，韶关市万人有效发明专利拥有量和形成国家或行业标准数量的指标值略有提高，排名也较2018年分别提升1位和3位。韶关市高技术制造业增加值占规模以上工业比重的指标值较2018年略有提升，排名保持不变，全省第15位。然而，PCT专利申请数占全省PCT专利申请量的比重指标值下降幅度较大，排名从2018年的全省第10位，下降至2019年全省第20位。韶关市产业升级指标排全省第12位，较2018年指标值略有下降，排名下降1位。从具体指标分析，韶关市产业升级指标排名略有下降的主要原因是第三产业增加值占GDP比重的指标值下降。对产业创新环境进行分析，韶关市产业创新环境在全省处于中游，排全省第10位，较2018年排名提升3位。为了进一步改善韶关市的产业创新环境，市政府需要继续保持科技支出在财政总支出中的比例，完善市场监督管理体系，加强创新体系建设，吸引风险投资。

5.6.3 韶关市主要企业或行业创新活动分析

（1）宝武集团广东韶关钢铁有限公司

宝武集团广东韶关钢铁有限公司（简称"韶钢"）始建于1966年，2011年8月加入宝武集团。目前是宝武集团高端棒线材制造基地，也是广东省重要的钢铁生产基地、国家高新技术企业和中国重要的船板钢、工程机械和水电站用高强钢板、建筑结构用钢板、桥梁板、锅炉和压力容器用钢板生产基地，年产钢660万吨，产品涵盖板材、棒材、品种线材及特钢长材等，广泛应用于汽车、石油化工、机械制造、能源交通、航天航空、核电等多个行业。近年来，韶钢在新一届领导班子的领导下，大力推动产业升级转型，积极推进供给侧结构性改革政策落地，主动淘汰过剩产能，聚焦中高端棒线材，快速打出了降本增效、产线瘦身、对标找差、加快特钢发展、6S管理、环保改善、安全严管等一系列"组合拳"。

在高技术技能人才骨干的培养方面，广东松山职业技术学院前身为韶关钢铁厂"七二一"工人大学，2014年6月，由韶钢移交广东省教育厅直属管理。经过多年的发展，现拥有大量创新人才和科技资源，同时企业办学的基因也使得广东松山职业技术学院更加了解韶钢当前发展痛点，在产教融合方面有着得天独厚的优势。双方已签订《产教融合校企合作框架协议》，通过共同建设开放共享的产教融合平台、组建职业教育集团、全面推行"现代学徒制"及开展职工培训等方式，为韶钢人才培养、科技创新及改革发展注入了源源不断的活力。

（2）乳源瑶族自治县东阳光化成箔有限公司

乳源瑶族自治县东阳光化成箔有限公司（简称"东阳光公司"）是乳源瑶族自治县东阳光实业发展有限公司下辖化成箔厂、亲水箔厂、真空镀膜厂、磁性材料厂、光箔厂、机械厂、电容器厂、电化厂8个专业生产厂之一。东阳光实业发展有限公司是科技部认定的国家火炬计划重点高新技术企业，化成箔项目被列为国家火炬计划项目及国家"九五"优秀技改项目。作为全国100家产业化示范基地之一，国内最大的化成箔、φ16以上大电容、亲水箔生产基地，东阳光公司坚持制度创新是企业发展的命脉，立足现有产业，公司领导层积极进取，坚持科技兴企，在平稳发展基础上积极培育公司新的利润增长点。横向上，公司努力延伸产业链，提高公司抗风险能力，并于2008年4月参股了桐梓县狮溪煤业有限公司，为公司产业链向上延伸跨出了重要一步；纵向上，公司加强管理，节能减耗，完善铝加工产业链配套产品建设，加强与国际知名企业合作，提高产品的质量和科技含量，提升产品附加值，打开国际市场。2009年，公司成功与日本三井物产株式会社（世界较大贸易企业之一）、日本古河斯凯株式会社（日本较大的铝加工企业，具有世界先进的铝加工技术）合作，以精箔产品为支点，逐步进军新能源新材料领域，以至扩大到整个铝产业链，共同致力于铝深加工产品的研发、生产和销售。公司还积极致力于打造煤—电—铝一体化产业链。

5.6.4 韶关市主要政府部门的积极作为

2019年，韶关市省重点实验室建设再次取得新突破。继2018年省矿产应用研究所（学科类）取得省重点实验室零的突破后，2019年韶关市企业类省重点实验室又实现零的突破，丽珠集团利民制药厂（企业类）被列入广东省重点实验室。此外，韶关市多个重点项目被列入省重点领域研发计划和指南。东阳光"高能量安全快充型动力电池关键技术研究及产业化"项目获得广东省重点领域研发计划重大科技专项1000万元支持，靶材、模具钢、竹木等项目成功列入广东省发布的重点领域研发计划指南。此外，韶关市2019年新增1家省级新型研发机构，东阳光科技研发有限公司新型研发机构建设获省科技厅立项。省级新型研发机构——华实现代农业创新研究院成功获批"全国农产品质量安全与营养健康科普工作站"。

为了进一步完善科技创新政策，加快集聚和配置优质创新资源，有效发挥科技创新对经济社会发展的支持引领作用，韶关市积极对接粤港澳大湾区需求。第一，推动产业互补共融，韶关市坚持重点突破、集中用力，把韶关新区打造成为对接大湾区先行区，吸引大湾区企业区域性总部或区域中心入驻；规划建设南部对接珠三角东岸产业集聚区，打造以武深高速、大广高速串联的生态旅游产业带和以韶新高速串联的工业产业带两大产业廊道。目前，金融集聚区首批5个项目动工建设；芙蓉新区和韶关高新区融合成为韶关新区成效初显，2019年完成投资81.6亿元，增长32.6%。第二，深化改革打造与大湾区接轨的营商环境，健全韶关民营经济发展体制机制。全面落实支持民营企业28条，制定出台《韶关市促进非公有制经济高质量发展若干政策措施》，建立"政企通"等平台，贴心服务民营企业发展。2019年全市民营经济增加值61.5亿元，增长5.5%，民营经济占全市生产总值的46.6%。15家企业被认定为省级高成长性企业，新增规上企业申报达到84家，完成率168%。第三，创新引导科技支撑为老工业城市注入新活力。突出企业创新主体作用，韶关以政策引导科技创新发展，出台《〈韶关市加快培育高新技术企业扶持办法〉实施细则》，建立高新技术企业培育后备企业名单，引入广东岭南制药有限公司等3家高新技术企业，2019年有106家企业通过高新技术企业认定，总量达到236家，提前一年超额完成三年倍增目标。近年来，韶关市高度重视人才引进和培养。大力实施韶关丹霞英才计划，印发《韶关市扶持产业科技人才实施意见（施行）》的通知，落实产业科技人才普惠政策，促进高层次人才、技工人才等安心在韶关工作。2019年，韶关市新引进6个创新创业人才团队、61名产业发展领域紧缺适用人才和664名产业科技人才。作为广东技工教育大市，韶关将以技师学院纳入高等职业教育和省属技校资源整合为契机，大力实施"韶关技工"工程，打造高素质"韶关技工"队伍。此外，韶关注重打造创新平台，高标准谋划高新区发展。韶关新区"国家专用工程机械及关键零部件高新技术产业化基地"获科技部认定，乳源经济开发区成功创建省级高新区。2019年，新增企业研发机构50家，亿元以上企业研发机构覆盖率超过60%，规模以上企业覆盖率超过35%。东阳光新型研发机构被列为省级新型研发机构，利民制药厂被列入省重点实验室，省重点实验室（企业类）建设实现零的突破。推进孵化育成体系建设，新增4家市级孵化器（众创空间），总量17家，其中2家分别获得省级运营评价A、B级。

5.7 河源市

5.7.1 河源市创新现状描述

（1）国民经济综合发展概况

2019年，河源市地区生产总值1080.03亿元，排全省第20位，占全省地区生产总值的1%，同比增长5.5%，增速低于全国（6.1%）0.6个百分点，低于全省（6.2%）0.7个百分点，与前两位深圳市和广州市差距达20多倍，河源市2009—2019年地区生产总值及占广东省比重如图5-10所示。2019年年末常住人口310.56万人，人均地区生产总值34 777元，全省排第19位，低于全省平均水平（94 172元）59 395元；就业人员年末人数142.02万人，全省排第16位；第三

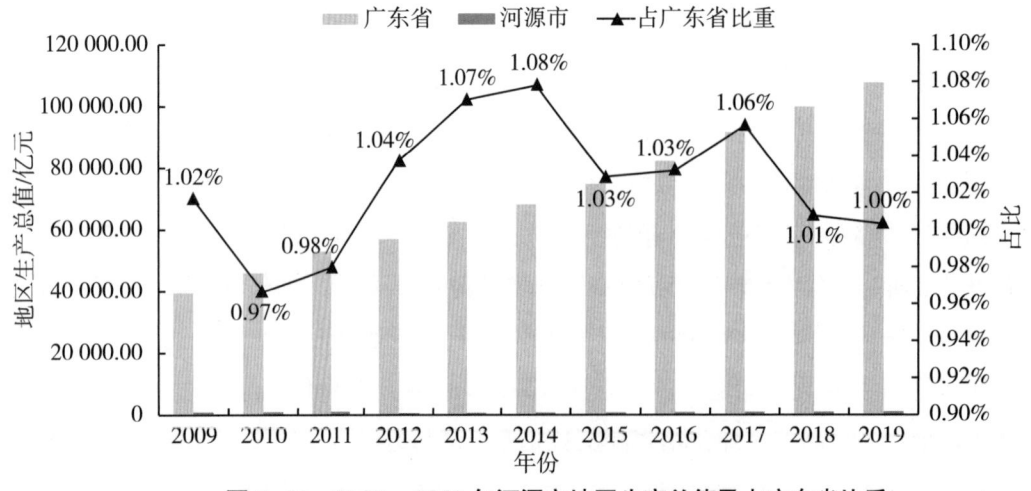

图5-10　2009—2019年河源市地区生产总值及占广东省比重

（资料来源：《广东统计年鉴2020》）

产业增加值 587.04 亿元，增长 5.4%，对全市经济增长的贡献率为 50.1%，拉动地区生产总值增长 2.7 个百分点，全省排第 18 位；区域创新能力综合值 16.17，全省排第 12 位。总体看，河源市经济体量很小，增长稳定，主要经济指标在广东全省排名靠后。

（2）工业发展情况

2019 年，河源市实现全社会工业增加值 334.61 亿元，比上年增长 6.0%。年末全市共有规模以上工业企业 625 家，比上年年末增加 8 家，其中年产值超亿元的 206 家。实现规模以上工业增加值 301.43 亿元，比上年增长 6.1%，其中，民营企业增加值 187.23 亿元，增长 7.1%。按所有制类型看，国有企业增加值 0.10 亿元，增长 32.9%；集体企业增加值 0.04 亿元，下降 69.8%；股份制企业增加值 197.99 亿元，增长 8.4%；外商及港澳台商投资企业增加值 101.38 亿元，增长 2.5%；其他经济类型企业增加值 1.92 亿元，增长 7.0%。按轻重工业看，轻工业增加值 80.29 亿元，增长 1.6%；重工业增加值 221.14 亿元，增长 7.2%。按企业规模看，大型企业增加值 114.63 亿元，增长 4.5%；中型企业增加值 71.39 亿元，增长 11.2%；小型企业增加值 111.00 亿元，增长 4.6%；微型企业增加值 4.40 亿元，增长 7.9%。

高技术制造业增加值 116.59 亿元，比上年增长 6.5%，其中，电子及通信设备制造业增加值 102.64 亿元，增长 8.3%；计算机及办公设备制造业增加值 9.24 亿元，下降 15.0%；医药制造业增加值 3.12 亿元，增长 22.3%；医疗及仪器仪表制造业增加值 1.58 亿元，下降 6.5%。

先进制造业增加值 156.44 亿元，比上年增长 9.5%，其中，高端电子信息制造业增加值 99.04 亿元，增长 8.6%；先进装备制造业增加值 20.07 亿元，增长 10.3%；石油化工产业增加值 2.98 亿元，增长 24.8%；先进轻纺制造业增加值 12.03 亿元，下降 4.6%；新材料制造业增加值 21.75 亿元，增长 16.9%；生物医药及高性能医疗器械制造业增加值 4.71 亿元，增长 15.7%。

优势传统产业增加值 71.37 亿元，比上年增长 1.9%，其中，纺织服装业增加值 9.84 亿元，下降 17.4%；食品饮料业增加值 20.63 亿元，增长 0.6%；家具制造业增加值 1.70 亿元，增长 1.9%；建筑材料业增加值 26.60 亿元，增长 1.3%；金属制品业增加值 11.16 亿元，增长 30.1%；家用电力器具制造业增加值 1.44 亿元，下降 7.7%。

六大高耗能行业增加值比上年增长 9.8%，其中，非金属矿物制品业增长 5.0%，黑色金属冶炼及压延加工业增长 25.1%，有色金属冶炼及压延加工业增长 14.7%，化学原料和化学制品制造业增长 24.8%，电力、热力生产和供应业增长 0.3%。

全市规模以上工业经济效益综合指数 220.13%，比上年提高 10.9 个百分点。资产负债率 54.72%，增长 1.5 个百分点；资本保值增值率 98.15%，下降 5.5 个百分点；流动资产周转次数 2.88 次；成本费用利润率 4.47%，增长 0.2 个百分点；全员劳动生产率 19.46 万元/人年，增长 9.3%；产品销售率 97.14%，下降 0.4 个百分点。实现主营业务收入 1308.63 亿元，增长 6.0%；利润总额 56.38 亿元，增长 10.4%。

全市工业园区规模以上工业企业 528 家，比上年增加 7 家；实现工业增加值 261.94 亿元，增长 5.8%,增速比全市规模以上工业低 0.3 个百分点;实现入库税收 25.03 亿元,下降 0.02%。

全年进出口总额 303 亿元,比上年增长 11.9%,其中出口总额 251.2 亿元,增长 16.7%。在出口总值中,河源市对美国、欧盟(28 国)、日本、东盟(10 国)等的出口额共 202.4 亿元,占全市出口总额的比重达 80.6%。

（3）科技发展情况

1）科技发展

2019 年,河源市组织实施国家、省级各类科技计划项目 2 项;共有省级工程技术研究开发中心 91 个,其中本年新增 4 个;全年专利申请受理量达到 4547 件,比上年下降 14.34%,其中专利申请授权量 2936 件,比上年增长 16.05%;共有高新技术企业 170 家,其中本年新增 29 家。

2）创新模式——构建"广深港澳研发孵化—河源加速—河源产业化"的创新产业链

《粤港澳大湾区发展规划纲要》将粤港澳大湾区定位为建设具有全球影响力的国际科技创新中心,为河源市实施创新驱动发展战略提供了重大机遇。河源市主动对接粤港澳大湾区国际科技创新中心和广深港澳科技创新走廊,定位于粤港澳大湾区国际科技创新中心重要拓展区。以发展实体经济为主导方向,通过优势互补、错位发展的方式,全面融入粤港澳大湾区产业链,构建"广深港澳研发孵化—河源加速—河源产业化"的创新产业链,将河源打造成为粤港澳大湾区科技成果加速和落地产业化的基地。在用地、税收和人才等方面加大政策支持力度,强化创新创业配套服务,优化创新创业的软硬环境,将河源打造成为粤港澳大湾区人才创新创业的洼地。充分发挥河源的区位交通,与粤港澳大湾区相关机构联合开展学术交流、学习培训、创新创业大赛等活动,将河源打造成为粤港澳大湾区科技交流和人才培训的胜地。

河源市国家高新技术开发区的主导产业之一是以手机制造为龙头的电子信息产业。从产业规划布局上考虑,河源市国家高新技术开发区的邻居——深圳大鹏(河源源城)产业转移工业园通过与高新区进行产业链接和错位发展,建成以电子电器和"四新"(新电子、新能源、新医药、新材料)产业为主的电子信息产业集群,并与市高新区联手做强做大电子信息产业区域品牌。

5.7.2 河源市创新能力评价

2019 年河源市创新能力全省排第 12 位,较 2018 年上升 1 位(表 5-8)。分指标分析,投入指标排全省第 21 位,仍居末位;产出指标排全省第 9 位,较 2018 年上升 1 位;产业升级指标排第 13 位,下降 4 位;产业创新环境指标排第 12 位,上升 6 位,进步较大。

表5-8 河源市创新能力指标分析

指标名称	2018年综合指标		2019年综合指标	
	指标值	排名	指标值	排名
综合值	14.11	13	16.17	12
1 投入	3.54	19	1.46	21
1.1 全社会R&D经费支出与GDP之比	0.46	19	2.14	19
1.2 每万名就业人员中R&D人员数量	0.64	20	1.05	16
1.3 规模以上工业企业研发经费支出占主营业务收入比重	0.00	21	0.00	21
1.4 地方财政科技拨款占地方财政支出比重	13.05	10	2.65	16
2 产出	13.73	10	14.77	9
2.1 万人有效发明专利拥有量	0.46	15	0.50	15
2.2 PCT专利申请数占全省PCT专利申请量的比重	0.12	13	0.02	18
2.3 高技术制造业增加值占规模以上工业比重	54.87	4	53.17	4
2.4 新产品销售收入占主营业务收入比重	12.92	18	19.72	17
2.5 形成国家或行业标准数量	0.28	20	0.45	16
3 产业升级	36.03	9	31.60	13
3.1 第三产业增加值占GDP比重	34.29	5	42.33	3
3.2 先进制造业增加值	1.85	14	1.85	14
3.3 单位GDP能耗增长速度	64.19	16	50.62	17
4 产业创新环境	7.58	18	20.23	12
4.1 高校和科研院所研发支出来自企业的比例	43.81	3	73.04	2
4.2 全员劳动生产率	15.04	18	15.04	18
4.3 科研机构数	7.45	9	6.67	8
4.4 每千人拥有的企业数	2.30	19	6.14	15
4.5 获得风险投资金额	0.08	14	0.25	12

从具体指标来看，投入方面，河源市还较为落后，全社会R&D经费支出与GDP之比、规模以上工业企业研发经费支出占主营业务收入比重在全省均处于落后水平。产出方面，高技术制造业增加值占规模以上工业比重位居省内前列，形成国家或行业标准数量指标进步较快，但是其他指标亟待加强。产业升级指标较2018年，下降4位，下降幅度较大，主要原因是单位GDP能耗增长速度指标值下降幅度较大。产业创新环境方面，高校和科研院所研发支出来自企业的比例和科研机构数位居省内前列，每千人拥有的企业数指标排名上升4位，进步较大。

总体来看，河源市经济体量较小，创新能力居于省内中游水平。应该继续保持高技术制造业的基础和科研机构数量的优势，提升技术水平，加快追赶，最重要的是，要大力重视和加强对创新的投入，这也有助于提升发明专利的产出，从根本上带动河源市创新能力的进一步提升。

5.7.3 河源市主要企业或行业的创新活动分析

在发布的2019年广东省创新企业100强排行榜中，河源市企业无缘入围百强名单，但是广东九明制药有限公司和景旺电子科技（龙川）有限公司是河源市创新实力较强、发展较好的龙头企业。

（1）广东九明制药有限公司

广东九明制药有限公司（简称"九明制药"），成立于1990年，原为河源市属国有企业，现隶属于深圳市九明药业集团，拥有1.5万平方米的现代化GMP（良好生产规范）厂房和3000多平方米的质检实验室。主要生产片剂、硬胶囊剂、头孢菌素类胶囊剂等制剂，合计45个品规药品，其中明妥牌地氯雷他定胶囊属于全球独家剂型的高新技术抗过敏药品。

九明制药落户河源高新区已7年，其"地氯雷他定胶囊的关键技术研究与产业化"于2016年荣获广东省科技进步奖三等奖，该项目研究成果——地氯雷他定是抗过敏药物的第三代产品，是国际指南的理想抗组胺药，该成果填补了我国地氯雷他定胶囊临床用药的空白，技术水平国内领先。该项研发始于2003年，2013年投入生产，10年间仅研发投入就达1亿元。九明制药每年研发投入均保持了20%的增长，与广东药科大学等高校建立了紧密的产学研协作关系，构建了省工程技术研究中心等研发平台，建立了全自动化的生产车间，完善了人才引进和培育的激励政策，真正让创新成为推动企业发展的"核动力"。2014年，九明制药被评为国家高新技术企业。

（2）景旺电子科技（龙川）有限公司

景旺电子科技（龙川）有限公司，2003年在河源成立，是生产多层电路板、柔性线路板的专业厂家。

国家级高新技术企业——景旺电子科技（龙川）有限公司"金属基绝缘孔高导热印制板关键技术研究及应用"技术创新项目获得2015年广东省科学技术奖二等奖。经过5年多的发展，产值从5亿元发展到现在的14亿元。近5年来，公司与广东工业大学、河源职业技术学院在人才培养、项目合作、研发平台建设等方面开展密切合作，累计申请专利140件。

5.7.4 河源市主要政府部门的积极作为

河源市为加快融入粤港澳大湾区建设，打造粤港澳大湾区国际科技创新中心重要拓展区，制定了2019—2021三年行动计划。以发展实体经济为主导方向，通过优势互补、错位发展的方式，全面融入粤港澳大湾区产业链，构建"广深港澳研发孵化—河源加速—河源产业化"的创新产业链，将河源打造成为粤港澳大湾区科技成果加速和落地产业化的基地。首先，提出了产业园区提质增效行动，推动国家级高新区扩容增效。进一步推动河源高新区园区扩容增效，积极主动承接粤港澳大湾区科技创新资源，做大做强电子信息、高端装备制造等主导产业，培育扶持太阳能与光伏应用、新材料、食品饮料等特色优势产业。重点打造电子信息、高端装备制造等500亿级产业集群，形成战略性新兴产业集群试点园区，成为河源市创新驱动发展的引领区和战略性新兴产业发展的策源地，辐射带动各县（区）产业园区协同发展。其次，促使科技创新创业主体引育行动，在高端人才引育方面，与粤港澳大湾区相关机构合作在河源高新区、灯塔盆地、古竹等地布局建设2~3家粤港澳大湾区人才创新创业基地，吸引粤港澳大湾区人才到河源市创新创业。围绕产业发展需求设立联合培养项目，灵活运用产学研合作、"人才+项目"等方式，培育一批具有自主创新能力、能带动产业发展的高层次或高技能人才。深化人才发展体制改革，营造人才干事创业环境，从评价认定、住房保障、医疗保健、配偶安置、子女入学、创新创业支持等全方面给予政策配套。最后，优化科技创新创业环境，推动"四链"融合发展。推动创新链、产业链、资金链、政策链四链融合，大力发展科技信贷，并实施引入投资补贴，建立财政科技经费与创业投资协同支持科技项目的机制，形成多元化、多层次、多渠道的科技投融资体系，切实缓解科技企业融资难、融资贵、融资慢等问题。充分发挥大湾区科研力量，鼓励河源市企业联合知名企业和科研机构开展联合攻关解决关键核心技术。建立科技资金跨地区使用机制，对成果技术交易中的卖方和转移服务机构给予资助。加快制订《河源市关于进一步促进科技创新若干政策措施》，在科技金融、成果转化、人才引育、科技企业孵化器产权分割、知识产权等方面给予政策配套，加快构建河源"1+N"科技创新政策体系。

2019年，河源市坚持改革创新，自主创新能力得到提升。获省科学技术奖二等奖2项。推进科技金融融合发展，新增企业科技信贷1.28亿元，科技信贷累计2.18亿元。新增国家级高新技术企业29家、总量达170家，国家科技型中小企业库入库企业206家。建成国家级科技企业孵化器1家。深河金地创谷国家孵化器开园运营，源城区农业园纳入第五批省级农业科技园区建设名单，发展新动能不断增强。新增国家知识产权优势企业15家，新建成省级产品检验站2家。新增省级新型研发机构1家，总数达5家，位居粤东西北前列。新增省级星创天地11家、省级企业技术中心2家，规上工业企业研发机构覆盖率达28.1%，大型工业企业研发机构实现全覆盖。新登记各类市场主体36 081户，总量达19.7万户。

5.8 梅州市

5.8.1 梅州市创新现状描述

（1）国民经济综合发展概况

2019年，梅州市地区生产总值1187.06亿元，排全省第17位，占全省1.1%，同比增长3.4%，增速低于全国（6.1%）2.7个百分点，低于全省（6.2%）2.8个百分点，与前两位深圳市和广州市差距20倍以上，梅州市2009—2019年地区生产总值及占广东省比重如图5-11所示。

2019年，梅州市年末常住人口438.30万人，人均GDP为27 083元，排全省第21位，低于全省水平（94 172元）67 089元；全年城镇新增就业2.21万人，就业困难人员实现再就业0.17万人，年末城镇实有登记失业人员1.29万人，城镇登记失业率2.26%，比上年末下降0.01%。2019年梅州市就业人数169.02万人，第三产业增加值597.14亿元，排全省第17位。总体来看，梅州市主要经济指标在广东省排名靠后，占比很小，新增长点少，内生动力不足。

图5-11　2009—2019年梅州市地区生产总值及占广东省比重

（资料来源：《广东统计年鉴2020》）

（2）工业发展概况

2019年，梅州市全年全部工业增加值比上年增长3.0%。规模以上工业增加值增长1.7%，其中，国有及国有控股企业增长4.7%，民营企业增长1.7%，外商及港澳台投资企业下降7.9%，股份制企业增长2.8%，股份合作制企业增长8.2%，集体企业下降35.0%。分轻重工业看，轻工业下降3.9%，重工业增长6.1%。分企业规模看，大型企业增长1.2%，中型企业增长2.3%，小微型企业增长1.8%。

高技术制造业增加值比上年下降0.6%，占规模以上工业增加值的比重为17.6%，比上年下降0.3个百分点。其中，电子及通信设备制造业下降2.9%，医药制造业下降3.5%，计算机及办公设备制造业增长252.2%，医疗仪器设备及仪器仪表制造业增长21.3%。

先进制造业增加值比上年下降5.0%，占规模以上工业增加值的比重为23.7%，比上年下降2.2个百分点。其中，高端电子信息制造业下降2.6%，先进装备制造业下降15.2%，先进轻纺制造业下降18.4%，新材料制造业增长7.1%，生物医药及高性能医疗器械制造业下降1.3%，石油化工业增长35.3%。

装备制造业增加值比上年下降0.6%，占规模以上工业增加值的比重为21.2%，比上年下降0.7个百分点。其中，计算机、通信和其他电子设备制造业下降0.4%，汽车制造业下降0.5%，电气机械和器材制造业下降0.9%。

优势传统产业增加值比上年增长3.5%，其中，食品饮料业增长1.1%，建筑材料业增长11.0%，家具制造业下降39.3%，纺织服装业增长66.0%，金属制品业下降6.3%，家用电力器具制造业下降29.7%。

六大高耗能行业增加值比上年增长9.9%，其中，非金属矿物制品业增长11.2%，电力、热力生产和供应业增长7.3%，黑色金属冶炼及压延加工业增长17.3%，化学原料和化学制品制造业增长14.1%，有色金属冶炼及压延加工业增长29.7%，石油、煤炭及其他燃料加工业下降9.7%。

规模以上工业企业资产贡献率14.63%，比上年下降0.7个百分点；资产负债率48.94%，下降0.3个百分点；流动资产周转次数1.61次；成本费用利润率7.92%，提高0.4个百分点；产品销售率99.72%，下降1.9个百分点。全员劳动生产率25.41万元/人年，比上年提高10.0%。实现利润总额48.82亿元，比上年增长7.6%。亏损企业亏损总额4.32亿元，下降42.9%。亏损企业亏损面19.6%。全年规模以上工业企业每百元营业收入中的成本为76.90元，比上年减少1.51元。

总体而言，梅州市经济总量较小，人均水平较低。产业层次低，工业短板突出，重大项目和优势骨干企业少，经济增长内生动力不足；区域经济发展亟须加快，产业结构有待优化。

（3）科技发展概况

梅州市2019年货物进出口总额120.62亿元，比上年下降10.8%。出口总额100.74亿元，下降14.6%，其中三资企业出口28.09亿元，下降19.2%，私营企业出口69.56亿元，下降11.4%。出口总额中，一般贸易出口71.18亿元，下降20.1%，占出口总额的70.7%。全年新签外商直接投资项目130个，实际利用外商直接投资23 978万元，下降27.6%。

截至2019年，梅州市累计存量高新技术企业数量达229家，年末县及县以上科研机构16个，国有企事业单位拥有自然和社会科学专业技术人员176 859人。全市专利申请量4590件，增长41.8%，其中：发明358件，增长5.9%；实用新型2925件，增长53.9%；外观设计1307件，增长30.8%。专利授权量2574件，增长27.6%，其中：发明70件，下降4.1%；实用新型1542件，增长31.6%；外观设计962件，增长24.5%。总体上，梅州市主要科技发展统计指标在广东省处于靠后位置，经济增长后续乏力。

5.8.2 梅州市创新能力评价

2019年，梅州市创新能力全省排第18位，与2018年排名一致。投入指标全省排第19位，比2018年下降2位；产出指标全省排第12位，较2018年下降1位；产业升级指标全省排第18位，较2018年上升1位；产业创新环境指标与2018年保持一致，排全省第14位（表5-9）。

表 5-9 梅州市创新能力指标分析

指标名称	2018年综合指标		2019年综合指标	
	指标值	排名	指标值	排名
综合值	10.31	18	13.80	18
1 投入	4.19	17	2.33	19
1.1 全社会R&D经费支出与GDP之比	0.00	20	0.00	21
1.2 每万名就业人员中R&D人员数量	0.00	21	0.00	21
1.3 规模以上工业企业研发经费支出占主营业务收入比重	6.79	17	2.05	20
1.4 地方财政科技拨款占地方财政支出比重	9.97	12	7.26	15
2 产出	9.08	11	11.13	12
2.1 万人有效发明专利拥有量	0.29	16	0.19	18
2.2 PCT专利申请数占全省PCT专利申请量的比重	0.10	14	0.03	16
2.3 高技术制造业增加值占规模以上工业比重	25.94	8	24.56	7
2.4 新产品销售收入占主营业务收入比重	18.23	14	30.66	11
2.5 形成国家或行业标准数量	0.85	16	0.24	18
3 产业升级	18.88	19	24.79	18
3.1 第三产业增加值占GDP比重	31.75	7	28.80	8
3.2 先进制造业增加值	0.29	19	0.35	20
3.3 单位GDP能耗增长速度	0.00	21	45.23	18
4 产业创新环境	11.06	14	19.68	14
4.1 高校和科研院所研发支出来自企业的比例	43.46	5	52.64	7
4.2 全员劳动生产率	34.74	11	34.74	11
4.3 科研机构数	6.83	11	6.11	11
4.4 每千人拥有的企业数	3.20	17	4.86	18
4.5 获得风险投资金额	0.58	8	0.07	15

从具体指标来看，投入方面，2019年梅州市全社会R&D经费支出与GDP之比和每万名就业人员中R&D人员数量这两个指标在全省的排名基本与上一年保持一致，均位于全省落后地位。规模以上工业企业研发经费支出占主营业务收入比重和地方财政科技拨款占地方财政支出比重这两个指标较2018年下降3位。产出方面，高技术制造业增加值占规模以上工业比重位居省内前列，万人有效发明专利拥有量及形成国家或行业标准数量这两个指标在全省处于落后地位。PCT专利申请数占全省PCT专利申请量的比重指标较2018年，下降2位；新产品销售收入占主营业务收入比重指标较2018年，上升3位。产业升级方面，第三产业增加值占GDP比重位居省内前列，先进制造业增加值和单位GDP能耗增长速度指标在全省处于落后位置。产业创新环境方面，高校和

科研院所研发支出来自企业的比例位居全省前列；全员劳动生产率和科研机构数两个指标在全省的排名与2018年保持一致，排全省第11位；获得风险投资金额指标排全省第15位，较2018年下降7位，下降幅度较大。

5.8.3 梅州市主要企业或行业创新活动分析

在发布的2019年广东省创新企业100强排行榜中，梅州市企业无缘入围百强名单，但是广东宝丽华新能源股份有限公司和广东嘉元科技股份有限公司是河源市创新实力较强、发展较好的龙头企业。

（1）广东宝丽华新能源股份有限公司

广东宝丽华新能源股份有限公司（简称"宝新能源"）成立于1996年，总部在梅州，1997年深圳上市，以"新能源电力＋新金融控股"为双核心业务，旗下有7家全资子公司。宝新能源是从搞农业、服装、旅游、房地产的一个山区小企业成为一个横跨新能源、互联网、金融等多个大行业的上市公司，形成以新能源电力为核心、以现代金融投资为依托的业务架构。2016年宝新能源实现营业收入35.4亿元，同比下降0.96%，净利润为6.75亿元，同比增长4.69%。

宝新能源上市之初，主要从事绅浪品牌服装的产销、建筑施工和房地产开发，母公司宝丽华集团的"雁南飞茶田度假村"资产尚未装入上市公司的资产池里。决定在哪一个行业里把企业做大时，宝丽华集团最终选择以差异化竞争进军新能源电力，股票改为"宝新能源"，这既有国家鼓励用煤矸石发电的产业政策优势，又有地域方面的资源优势，于是2003年进入煤矸石发电领域。经过10多年发展，建成了总装机容量147万千瓦的梅县荷树园电厂，是广东省首家采用先进循环流化床洁净燃烧技术，以及全国规模最大的资源综合利用电厂。电厂30万千瓦煤矸石CFB发电机组及资源循环利用工程项目获得"广东省科学技术奖特等奖""南方低碳标杆企业"等荣誉。

2018年11月，宝新能源投资建设的广东陆丰甲湖湾电厂新建工程项目（2×1000 MW超超临界机组）的1号机组，一次性顺利通过168小时满负荷试运行，正式投入商业运营。广东陆丰甲湖湾电厂新建工程项目是广东省重点能源建设项目，该项目的1号机组为公司投资兴建的首台百万千瓦机组，集成了世界领先的品牌与技术，创新18项世界领先技术，大幅刷新火电废气排放最优指标，实现废气"近零排放"，突破煤耗270克大关，创下全国最低供电煤耗，实现废水零排放及超智能化系统控制。该机组投产后，公司总装机容量增长66%，有利于公司进一步做大做强新能源电力核心主业。

（2）广东嘉元科技股份有限公司

广东嘉元科技股份有限公司（简称"嘉元科技"），成立于2001年，是一家高新技术企业，专门研究、制造、销售锂离子电池用高性能电解铜箔。通过设立合作研发团队、技改项目团队、成果转化团队三个科技创新子团队快速走上了创新之路。其中，合作研发团队通过与华南理工大学、厦门大学等高校和科研院所进行"产学研"合作，开发高技术含量产品，而成果转化团队则通过消化吸收再创新，自行研发了动力电池用铜箔、储能电池用铜箔等产品。

2019年7月22日，嘉元科技正式在科创板挂牌上市，成为全国首批、梅州首家在科创板上市的企业。截至2019年，公司已建成占地面积90 000多平方米，拥有资产总值26亿元和设计产能21 000吨电解铜箔的花园式现代化工业园。公司现拥有国际先进水平的水处理、溶铜、生箔、后处理、分切铜箔生产设备和完善的检测设备，获批并建成了国家级企业技术中心、省重点实验室、省级企业技术中心、省级工程技术研究开发中心。公司重视"产学研"结合，与南开大学共建院士工作站、锂离子电池铜箔研究所，与江西理工大学共建博士工作站，与厦门大学、华南理工大学、嘉应学院等高校建立了紧密的合作关系，为公司高质量发展提供强大的技术支撑，目前企业拥有知识产权335项，主持制定国家标准1项。为进一步规范和完善公司的人员治理架构，公司有针对性地选送优秀技术人才到国内高校、科研院所进行学习再深造；与嘉应学院等高校合作开办多期成人教育专科、本科班，使公司员工的综合素质得到全面提升；同时紧紧围绕企业品牌战略发展规划，坚持"走出去，请进来"的人才策略，成立了广东嘉元云天投资发展有限公司，搭建吸引人才的平台，引进高学历、高素质的专业人才到公司工作，为公司致力成为新能源新材料领域的领军企业提供了人才保障。

5.8.4 梅州市主要政府部门的积极作为

2019年，梅州市政府持续深化改革开放，推动全市创新发展活力和动力不断增强。企业投资项目承诺制审批落地实施，企业开办全流程时间压缩至1个工作日内，全市新登记各类市场主体4.32万户。深化国企改革，组建金雁工业、嘉城建设、嘉应控股和客都文旅"3+1"集团并挂牌运营。完成蕉华管理区体制改革，蕉华大健康产业园起步良好。雁洋等镇（街）体制改革试点成效明显。扩大对外开放，与前海、南沙、横琴自贸区签订合作协议，推动广东—新加坡合作理事会首次将梅州市合作事项纳入议题。梅州综合保税区、国家级高新区申报取得新进展。"三院一基地"进展顺利，市人民医院（市医学科学院）成为国家药物临床试验机构，市农林科学院完成组建方案，梅州产业技术研究院引入省科学院科研力量，仲恺广梅研究院、微软创新学院等挂牌成立，引进航天育种、华师昆虫研发中心等科技创新平台。新认定高新技术企业50家，总量达229家。新认定国家级科技企业孵化器1家、国家企业技术中心1家和省级新型研发机构3家，新建院士工作站4家，省级以上研发平台增加至110家，规模以上工业企业设立研发机构比例提高到35%。

面对全省全年经济下行压力，梅州市着力扩投资促消费稳外贸，持续深化供给侧结构性改革。全市固定资产投资增长4.0%，其中工业投资、技术改造投资分别增长34.8%和63.5%；社会消费品零售总额增长6.7%，其中电商交易额、快递业务收入分别增长13.0%和10.5%。规模以上工业增加值增长1.7%，服务业增加值增长2.2%。传统产业加快转型升级，卷烟生产计划增加3.2万箱，大埔电厂扭亏为盈，塔牌水泥二期基本建成。穗梅产业共建结出硕果，广梅园等园区进一步提质增效，引进亿元以上项目47个；广州市属国企帮扶有力，广州万宝、广州轻工、广汽核心部件等一批项目投产。新兴产业发展态势良好，兴宁互联网产业园、飞翔云计算基地等启动建设,双十科技、瑞冠新材料项目引进落地创造"梅州速度",一一五科技、村之翼等互联网企业加速壮大,5个县(市)获评国家级电子商务进农村综合示范县。嘉元科技、紫晶存储科创板上市,走在粤东西北地区前列。

5.9 惠州市

5.9.1 惠州市创新现状描述

(1)国民经济和社会发展综合概况

2019年,惠州市地区生产总值4177.41亿元,排全省第5位,占全省3.88%,同比增长4.2%,增速低于全国(6.1%)1.9个百分点,低于全省(6.2%)2.0个百分点,与前两位的深圳市和广州市相差5倍左右,与第4名的东莞市相差2倍左右。2009—2019年惠州市地区生产总值及占广东省比重如图5-12所示。

2019年,惠州市年末全市常住人口488万人,人均GDP为85 603元,排全省第7位,较全省平均水平(94 172元)低8569元;第三产业增加值1802.79亿元,增长6.8%,排全省第6位,仅为第1位广州市的1/9。虽然惠州市总量经济指标排名靠前,但是与前四位,特别是前两位的差距明显。

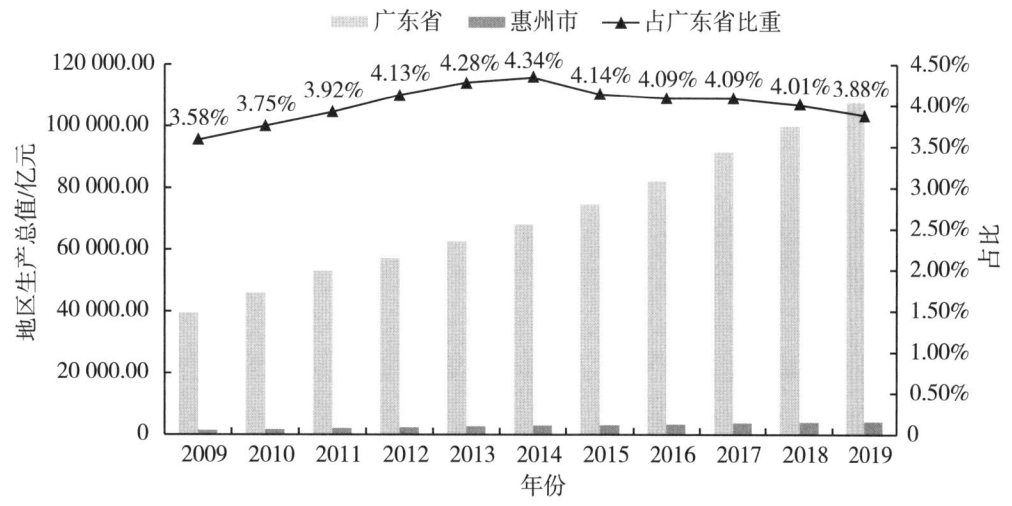

图5-12 2009—2019年惠州市地区生产总值及占广东省比重

(资料来源:《广东统计年鉴2020》)

(2)工业发展情况

2019年,惠州市全年规模以上工业企业2509家。规模以上工业增加值增长1.8%。分行业看,电子行业增长1%,石化行业下降3.9%,汽车行业下降0.4%。分企业类型看,外商及港澳台投资企业下降 2.0%，国有控股企业下降 0.8%，民营企业增长 11.9%。规模以上工业企业销售产值下降 0.1%，其中内销产值增长 5.2%，出口交货值下降 10.7%，内外销比例为 70∶30。先进制造业、高技术制造业增加值占规模以上工业增加值的比重分别为 66.9%、41.7%。全年规模以上工业产品销售率 96.9%，实现利润总额 281.07 亿元，下降 18.0%。

2019 年，惠州市全年外贸进出口总额 2709.74 亿元，下降 18.7%。其中，出口 1821.74 亿元，下降 17.5%；进口 888.01 亿元，下降 21.1%。进出口差额（出口减进口）933.73 亿元。从出口市场看，2019 年主要出口市场的占比分别为：中国香港 27.9%、韩国 10.6%、美国 20.5%、欧盟 11.8%、东盟 8.8%、日本 3.4%，这六大市场占比合计 83.1%。全年共签订外商直接投资项目合同 390 宗，下降 80.6%；外商直接投资合同金额 165.76 亿元，下降 8.5%；实际利用外商直接投资 64.25 亿元，增长 1.2%。年末全市工商登记外商企业实有 8989 家（不含分支机构等），其中，中国香港 5457 家，中国台湾、英属维尔京群岛、萨摩亚合计 670 家，韩国 139 家，美国 62 家，日本 57 家，欧洲 42 家。

（3）科技发展情况

2019 年惠州市全市专利申请 22 701 件，增长 4.9%，其中发明专利申请 4852 件，下降 7.1%。专利授权 14 577 件，下降 0.9%，其中发明专利授权 1592 件，增长 10.2%；PCT 专利申请 448 件，增长 27.6%。有效发明专利量 7380 件，万人发明专利拥有量 15.28 件。

截至 2019 年，惠州市高新技术企业 1322 家，净增 217 家，R&D 投入占比提高到 2.4%。2019 年 12 月，中科院两大科学装置（强流重离子加速器装置、加速器驱动嬗变研究装置）项目在惠城区河南岸河桥片区开工建设。惠州市已建成 34 家众创空间和 43 家科技企业孵化器，市级以上孵化器实现县（区）全覆盖。其中，国家级和省级众创空间分别为 12 家和 2 家；国家级和省级孵化器分别为 5 家和 7 家，孵化面积超 116 万平方米，在孵企业共 1264 家，累计"毕业"企业 544 家。

5.9.2 惠州市创新能力评价

2019 年，惠州市创新能力在全省排第 7 位，与 2018 年保持一致（表 5-10）。分指标来看，投入指标排全省第 5 位，对比 2018 年排名上升 2 位；产出指标排第 4 位，对比 2018 年排名上升 1 位；产业升级指标全省排第 20 位，对比 2018 年排名上升 1 位；产业创新环境指标全省排第 11 位，对比 2018 年排名下降 2 位。

表 5-10 惠州市创新能力指标分析

指标名称	2018年综合指标 指标值	2018年综合指标 排名	2019年综合指标 指标值	2019年综合指标 排名
综合值	26.72	7	29.69	7
1　投入	39.93	7	44.65	5
1.1　全社会R&D经费支出与GDP之比	47.80	5	50.54	6
1.2　每万名就业人员中R&D人员数量	52.41	5	57.95	3
1.3　规模以上工业企业研发经费支出占主营业务收入比重	31.56	6	40.45	6
1.4　地方财政科技拨款占地方财政支出比重	27.96	7	29.65	6
2　产出	31.77	5	33.64	4
2.1　万人有效发明专利拥有量	12.89	7	13.54	7
2.2　PCT专利申请数占全省PCT专利申请量的比重	1.92	6	2.55	6
2.3　高技术制造业增加值占规模以上工业比重	59.67	2	64.17	2
2.4　新产品销售收入占主营业务收入比重	81.04	2	85.69	3
2.5　形成国家或行业标准数量	3.31	11	2.24	9
3　产业升级	12.56	21	15.60	20
3.1　第三产业增加值占GDP比重	8.89	18	4.92	18
3.2　先进制造业增加值	18.22	5	16.18	5
3.3　单位GDP能耗增长速度	12.97	20	25.70	20
4　产业创新环境	18.78	9	21.26	11
4.1　高校和科研院所研发支出来自企业的比例	10.15	16	34.31	14
4.2　全员劳动生产率	15.26	16	15.26	16
4.3　科研机构数	21.74	3	20.00	3
4.4　每千人拥有的企业数	26.88	7	33.72	7
4.5　获得风险投资金额	2.06	7	3.00	7

从具体指标来看，在创新投入方面，全社会R&D经费支出与GDP之比、规模以上工业企业研发经费支出占主营业务收入比重和地方财政科技拨款占地方财政支出比重三个子指标均与上一年的全省排名基本保持一致，每万名就业人员中R&D人员数量排全省第3位，较2018年排名上升2位；在创新产出方面，所有的指标排名均基本保持稳定，高技术制造业增加值占规模以上工业比重和新产品销售收入占主营业务收入比重指标均位于全省前列；在产业升级方面，第三产业增加值占GDP比重和单位GDP能耗增长速度位于全市落后地位，但是先进制造业增加值指标排全

省第5位,位居前列;在产业创新环境方面,高校和科研院所研发支出来自企业的比例和全员劳动生产率分别排全省第14位和第16位,科研机构数指标排全省第3位,位于全省前列,每千人拥有的企业数和获得风险投资金额均排全省第7位,处于全省中等偏上水平。

5.9.3 惠州市主要企业或行业创新活动分析

（1）TCL科技集团股份有限公司

TCL科技集团股份有限公司（简称"TCL"）创立于1981年,总部在惠州。前身为中国首批13家合资企业之一——TTK家庭电器（惠州）有限公司,从事录音磁带的生产制造,后来拓展到电话、电视、手机、冰箱、洗衣机、空调、小家电、液晶面板等领域,2004年上市。

2019年,由于供给集中释放和需求增长放缓,全球半导体显示行业进入寒冬,行业面临巨大的盈利压力,穿越周期底部并蓄势下一轮成长成为TCL的首要任务。面对严峻和复杂的经营环境,公司坚持全球领先的发展战略,完成重大资产重组,深化变革转型,持续提质增效,推动各项业务稳定增长。2019年,TCL重新确定了全球领先的经营战略,聚焦于高科技、资本密集、长周期的战略性新兴产业,强化产业生态布局；提升产业金融能力,助力实业发展。

研发方面,TCL持续加大研发投入,积极发展柔性印刷显示OLED等下一代新型显示技术、材料和工艺,累计PCT专利申请数量11 261件。

（2）广东德赛集团有限公司

广东德赛集团有限公司简称（简称"德赛集团"）成立于1983年,经过30多年的发展,目前已是年销售收入超200亿元的大型电子信息企业集团。旗下拥有2家上市公司（德赛电池,深股代码SZ000049；德赛西威,深股代码SZ002920）,产业涉及汽车电子、新能源电池、信息科技、LED光电、IC设计、智能装备、精密部件等多个领域。德赛集团是中国制造500强企业,合作伙伴和客户中有30多家是世界500强企业。德赛集团技术实力雄厚,依托国家级企业技术中心、博士后科研工作站、广东省重点工程技术研究开发中心、广东省工业设计中心,以及新加坡、日本和我国、北京、深圳、南京等地的研发分支机构,建立起了先进高效的科技创新体系,拥有2800多名技术研发人员,在研发投入方面保持年均20%以上的增长。"基于GPS语音导航技术的车载音频处理装置"专利获得中国专利奖金奖,德赛集团成为中国汽车电子行业首家获此殊荣的企业；科技创新实力及成果为德赛集团的发展注入了强大动力,每年新产品实现的销售收入占总收入的比重均达到75%以上,德赛集团在新能源电池、汽车电子、北斗导航技术、IC设计等多项技术领域具有优势,居行业领先地位。

5.9.4 惠州市主要政府部门的积极作为

2019年,惠州市政府继续深化改革,大力发展科技创新,并提出了一系列进一步促进科技创新的政策措施。

惠州市积极参与粤港澳大湾区国际科技创新中心建设，打造粤港澳大湾区能源产业基地和创新中心，发挥大项目技术引领作用，依托中科院两大科学装置，建设先进能源科学与技术广东省实验室，建成石化能源产业的创新策源地。积极对接广深港澳科技创新走廊，重点对接广州科学城、东莞松山湖、深圳高新区等高端研发平台，开放共享科研成果，共促成果转化落地。在产业集群方面，惠州市重点提高优势产业集群的创新水平，打造以稔平半岛为中心的新能源产业园区，以惠城、惠阳、仲恺等中心片区为依托的经济开发区或创新引导区，以博罗为中心的生命健康医药新兴产业集聚区。在创新人才队伍建设方面，惠州市围绕重点产业引育人才，对入选省"珠江人才计划""广东特支计划"的创新创业团队，按照省财政支持力度的一定比例给予配套支持。

惠州市加快培育发展高新技术企业，优化高新技术企业培育发展的政策措施，对于获得推荐且通过国家高新技术企业认定的，市财政给予每家最高 20 万元奖励。高新技术企业资质有效期内整体迁入惠州市的企业，按规模以下最高 50 万元/家、规模以上最高 300 万元/家的标准给予一次性补贴；实现用地及建设报批报建优先办理、高层管理人员优先落户；科技、技改等各类扶持资金优先扶持。每年安排一定新增用地指标，优先满足高新技术企业落户、增资扩产。此外，惠州市还提出了"创新型企业百强"培育计划，重点遴选 100 家创新能力强、成长速度快、能够引领和支撑产业发展的创新型企业，在全面执行国家研发费用税前加计扣除 75% 政策基础上，增按 25% 研发费用税前加计扣除标准给予奖补，每家最高不超过 10 万元，并按其形成的财政贡献给予一定奖励。此外，惠州市还围绕"2+1"产业，依托仲恺高新区惠南科技创业中心、大亚湾经济技术开发区科技创业服务中心等机构，培育引进高水平运营机构，强化创业投资服务，构建"众创空间＋孵化器＋加速器＋产业园区"全链条全要素专业孵化园。

在优化科技创新环境方面，惠州市推动科技管理职能转变。简化科研项目过程管理，减少项目实施周期内的各类评估、检查、抽查、审计等活动，对同一项目同一年度的监督、检查、评估等结果互通互认，避免重复多头检查。自然探索类基础研究项目和实施周期 3 年以下的项目原则上以承担单位自我管理为主，一般不开展过程检查。不断完善市科技专项资金项目管理办法，人力资源成本费不受比例限制，直接费用调剂权全部下放给项目承担单位。进一步推进"放管服"工作，坚持"应放必放、应进必进、鼓励网办"的原则，进一步简政放权。深化商事制度改革，放宽科技型中小企业住所登记条件限制，推动"一址多照""一照多址""集群注册"登记改革。推进"一门式一网式"政务服务模式改革，启动政务服务大数据库建设，完善政务信息资源共享平台。同时，惠州市加强建立科研诚信管理体系，倡导良好学风，弘扬科学家精神，加强对科研人员的科研诚信和科研伦理教育。制定有关惠州市科技计划信用管理相关制度，强化科研信用信息的跨部门跨区域共享共用，对严重违背科研诚信和科研伦理要求的行为"零容忍"，实行终身追责、联合惩戒。对于生命科学、医学、人工智能等前沿领域和对社会、环境具有潜在威胁的科研活动，实行科研伦理承诺制。

5.10 汕尾市

5.10.1 汕尾市创新现状描述

（1）国民经济综合发展概况

2019年，汕尾市地区生产总值为1080.3亿元，排广东省第19位，比上年增长6.7%。增速高于全国（6.1%）0.6个百分点，高于广东省（6.2%）0.5个百分点。汕尾市年末全市常住人口301.5万人，人均GDP为35 831元，排全省第18位，较全省平均水平（94 172元）低58 341元。近年来，汕尾市地区生产总值占广东省地区生产总值的比重保持在1%左右，图5-13显示了2009—2019年汕尾市地区生产总值及占广东省比重情况。

分产业看，汕尾市第一产业增加值152.27亿元，比上年增长5.6%；第二产业增加值403.14亿元，增长6.8%；第三产业增加值524.89亿元，增长7.0%。人均地区生产总值35 831元，比上年增长6.0%。与2018年相比，汕尾市三次产业结构从13.3∶37.0∶49.7调整为14.1∶37.3∶48.6，第二产业占比提高，第三产业占比接近一半，现代产业、新兴产业发展步伐加快，服务业取得较好发展。区域创新综合值为7.93，排广东省第20位。总体而言，汕尾市国民经济发展水平与广东省平均水平差距较大，排名落后。

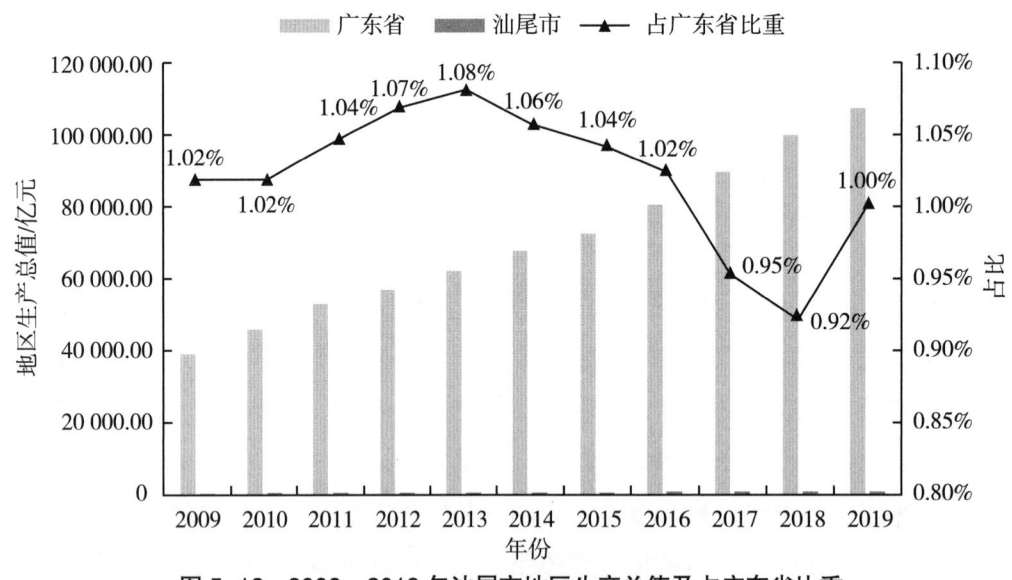

图5-13　2009—2019年汕尾市地区生产总值及占广东省比重

（资料来源：《广东统计年鉴2020》）

（2）工业发展情况

2019年，汕尾市规模以上工业增加值241.17亿元，比上年增长8.6%。其中，重工业出现较快增长，增长18.9%，高出轻工业16.1个百分点。分经济类型看，股份制企业占比最大，同比增速最高，全年增加值156.36亿元，比上年增长15.2%，占规模以上工业增加值比重64.8%；外商及港澳台投资企业增加值69.89亿元，下降2.2%。从主要行业看，计算机、通信和其他电子设备制造业，电力、热力生产和供应业表现较好，增加值为52.58亿元和28.78亿元，增长26.8%和24.2%。从现代产业看，高技术制造业增加值73.31亿元，增长18.4%；先进制造业增加值87.74亿元，增长13.9%。高技术制造业增加值和先进制造业增加值占规模以上工业增加值比重为30.4%和36.4%，分别比上年同期提高4.5个和5.0个百分点。

汕尾市工业占地区生产总值比重下降，对经济增长的贡献率减弱。2019年，工业增加值占地区生产总值比重31.3%，对地区生产总值的贡献率40.3%，低于第三产业6.8个百分点。规模以上工业发展不稳定，增速波动大。全年规模以上工业增加值增速最高达13.1%，最低仅为6.7%，高低差达6.4个百分点。龙头企业支撑作用减弱，信利光电股份有限公司、信利半导体有限公司、汕尾比亚迪汽车有限公司、广东红海湾发电有限公司、陆丰宝丽华新能源电力有限公司等5家企业增加值合计增速（21.2%）比上年回落7.7个百分点，其中一家企业出现负增长，降幅拉低规上工业增加值增长1.0个百分点。

2019年，汕尾市规模以上工业企业营业收入1205.13亿元，增长5.6%；利润总额24.96亿元，增长20.0%；亏损企业亏损额大幅减少，比上年下降15.2%。但是，汕尾市企业亏损面扩大，全市254家规模以上工业企业中，亏损企业36家，亏损面达14.2%，比上年扩大0.7%。

（3）科技发展情况

1）科技发展统计

2019年，汕尾市共有市级企业研发中心118家，比2018年增加21.6%，县及县级以上国有研究与开发机构、科技情报和文献机构9个，高新技术企业38家。全年专利申请量3345件，比上年下降10.1%，授权量2527件，增长1.7%。其中，发明专利申请量372件，下降50.8%；发明专利授权量96件，增长39.1%。PCT国际专利申请量13件。

汕尾市2019年技术合同登记6项。高新区工业总产值289.43亿元，高新区营业收入247.70亿元，出口总额71.66亿元，净利润3.73亿元。高新区企业数38个，占广东全省0.08%，从业人员达2.09万人，占广东全省0.29%。新型研发机构3个，新设省工程中心2个，共计15个。

2）科技创新模式

汕尾市全面深化科技体制改革，加快实施创新驱动发展战略，以科技创新带动汕尾经济发展进入新常态阶段。通过瞄准重点区域、重点产业、重点环节，推动单位全面融入深莞经济圈，优化创新创业环境，激发各类创新主体的创新活力。

汕尾市政府大力激发企业创新活力，旨在提高企业自主创新能力。首先，加大高新技术企业培育力度，对高新技术企业提供资助，给予政策优惠鼓励高新技术企业购买先进的研发设备，保障科技创新基础设施的储备充足。其次，汕尾市市委市政府支持组建国家级、省级、市级自主研发平台，鼓励企业组建产业技术创新联盟，努力构建产学研协同创新体系。此外，构建科技创新服务体系是汕尾市政府提升科技成果转化能力的重要保障，一方面提供专项资金支持、构建小微企业风险融资平台；另一方面积极培育科技创新中介服务机构，完善区域创新公共服务流程和体系，为科技成果的产业化构建良好制度保障。

5.10.2 汕尾市创新能力评价

2019年汕尾市创新能力全省排第20位，对比2018年排名下降5位，创新能力显著下降（表5-11）。分指标分析，投入排第20位，下降8位；产出排第10位，比2018年下降2位；产业升级排第19位，下降2位；产业创新环境依然排最后，排第21位。

表5-11 汕尾市创新能力指标分析

指标名称	2018年综合指标		2019年综合指标	
	指标值	排名	指标值	排名
综合值	13.01	15	7.93	20
1 投入	9.55	12	2.11	20
1.1 全社会R&D经费支出与GDP之比	9.28	13	4.07	15
1.2 每万名就业人员中R&D人员数量	3.00	15	0.18	20
1.3 规模以上工业企业研发经费支出占主营业务收入比重	11.75	12	4.19	19
1.4 地方财政科技拨款占地方财政支出比重	14.18	9	0.00	21
2 产出	17.26	8	12.67	10
2.1 万人有效发明专利拥有量	0.07	18	0.24	16
2.2 PCT专利申请数占全省PCT专利申请量的比重	0.08	15	0.06	13
2.3 高技术制造业增加值占规模以上工业比重	37.93	6	25.42	6
2.4 新产品销售收入占主营业务收入比重	48.23	7	37.63	10
2.5 形成国家或行业标准数量	0.00	21	0.00	21
3 产业升级	23.03	17	17.54	19
3.1 第三产业增加值占GDP比重	3.49	20	23.07	12
3.2 先进制造业增加值	0.59	17	0.61	17
3.3 单位GDP能耗增长速度	88.05	7	28.96	19
4 产业创新环境	0.50	21	0.36	21
4.1 高校和科研院所研发支出来自企业的比例	0.00	20	0.00	21
4.2 全员劳动生产率	0.00	21	0.00	21

续表

指标名称	2018 年综合指标		2019 年综合指标	
	指标值	排名	指标值	排名
4.3 科研机构数	2.48	18	1.67	20
4.4 每千人拥有的企业数	0.00	21	0.15	20
4.5 获得风险投资金额	0.00	21	0.00	21

从具体指标看，在投入方面，汕尾市各项指标排名均在下降，其中，每万名就业人员中R&D人员数量从2018年的第15位下降为第20位，规模以上工业企业研发经费支出占主营业务收入比重从2018年的第12位下降为第19位，地方财政科技拨款占地方财政支出比重下降最为明显，从2018年的第8位下降到第21位。汕尾市创新投入水平大幅下降，在全省排名靠后。

在产出方面，汕尾市排名相对靠前，高技术制造业增加值占规模以上工业比重和新产品销售收入占主营业务收入比重两项指标，2019年分别排全省第6位和第10位。同时，汕尾市万人有效发明专利拥有量与PCT专利申请数占全省PCT专利申请量的比重排名均小幅提升2位，排全省第16位和第13位，但是，形成国家或行业标准数量仍然列第21位，与2018年一致。

在产业升级方面，汕尾市指标值大幅下降，2019年排名下降2位，排全省第19位，排名相对靠后。第三产业增加值占GDP比重大幅上升，得益于汕尾市服务业蓬勃发展，排名从2018年的第20位上升至第12位。2019年，汕尾市先进制造业增加值排名无变化，排全省第17位。单位GDP能耗增长速度大幅下降，指标值缩减至2018年的1/3，排名下降12位，排全省第19位。

从产业创新环境方面分析，尽管每千人拥有的企业数指标值略有增加，汕尾市排名依然靠后，主要是由于高校和科研院所研发支出来自企业的比例较低、全员劳动生产率较低、获得风险投资金额少于其他地市。为提高汕尾市的创新生态，市政府应加强创新体系建设，鼓励产学研相互融合，鼓励风险投资流入市场，同时加快创新成果转化应用，提高全员劳动生产率，构建良好的创新环境。

5.10.3 汕尾市主要企业或行业创新活动分析

信利国际有限公司总部设在香港，生产基地位于汕尾市，是一家知名的电子产品、半导体产品开发、生产和销售的上市公司。2008年，信利光电股份有限公司（简称"信利光电"）成立，专业从事开发、生产和销售电容式触摸屏、微型摄像头模组、集成触控模组、指纹识别模组、精密玻璃部件、魔法玻璃、四角全均匀马达等产品。信利光电生产设备领先，拥有全球领先的新型嵌入式单片OGS电容屏生产线、大片式OGS电容屏生产线、全自动卷对卷菲林电容屏生产线、玻璃结构电容屏生产线、菲林结构电容屏生产线及钢化玻璃生产线。信利光电坚持把科技创新作为引领发展的第一动力,加大产品研发、协同创新、管理创新、人才培养等全方位发展,不断打造企业发展的创新源泉,大力营造企业创新的良好氛围。

截至2020年1月,信利光电拥有专利4012件,其中发明专利1363件,IPC(进程间通信)技术类别涉及图像通信、点数字数据处理、光学元件等技术。由于其强大的科技创新实力,以及对区域创新发展的积极贡献,信利光电获2020年广东省创新企业100强荣誉称号。

5.10.4 汕尾市主要政府部门的积极作为

汕尾市政府积极探索区域创新要素的互惠互通。通过与深莞惠地区科研设施与仪器设备的技术基础设施的共建互享,汕尾市企业的资源要素可获得性、可利用能力提高,对企业的技术创新提供资源支持,同时降低企业与地方政府的研发投入成本。与此同时,汕尾市政府鼓励企业横向联合技术攻关,鼓励与深莞惠地区企业联合承担国家、省科技计划项目,对获得联合项目的汕尾企业提供立项资金和配套支持,极大程度上提升了企业的技术研发动力和意愿。

汕尾市政府借助深圳市帮助实现产业攻坚。立足深圳帮扶汕尾的政策优势,除了在精准脱贫、民生攻坚等方面持续发力,汕尾市同样在探索共建产业创新示范区的新思路。2019年,汕尾市实现产业共建资金0.8亿元;全年"1+4"共建园区新签约项目19个,计划投资额77.03亿元;新动工项目31个,计划投资147.1亿元;新投产项目34个,计划投资额84.28亿元;实现规模以上工业产值410.76亿元;完成规模以上工业增加值82.38亿元,全口径税收14.63亿元。

在资金帮扶方面,汕尾市扎实稳妥推进农商银行战略转型,提升监管评级工作,深入践行地方支行的普惠金融服务。例如,海丰农商银行在深圳农商银行的战略帮扶战略引领下,内设13个部门、27家分支机构,服务遍及海丰县各个乡镇,逐步打造小而美的本地银行。2019年11月7日,海丰农商银行与海丰县餐饮行业协会举行战略合作签约仪式,旨在鼓励海丰县餐饮行业的普惠金融服务。

5.11 东莞市

5.11.1 东莞市创新现状描述

(1)国民经济综合发展概况

2019年,东莞市地区生产总值(GDP)为9482.5亿元,排广东省第4位,比上年增长7.4%。增速高出全国(6.1%)1.3个百分点,高出广东省(6.2%)1.2个百分点。东莞市年末全市常住人口846.45万人,人均GDP为112 027元,排全省第5位,较全省平均水平(94 172元)高17 855元。近年来,东莞市地区生产总值占广东省地区生产总值的比重保持在8%到10%之间,虽然2019年占比有所提升，但是，东莞对广东省经济增长的贡献呈现下降趋势。图5-14显示了2009—2019年东莞市地区生产总值及占广东省比重情况。

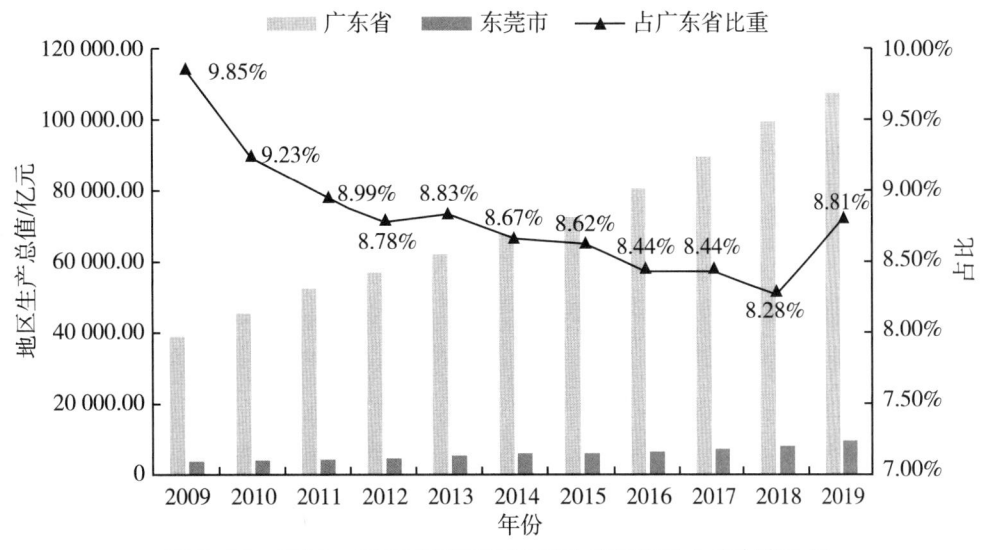

图 5-14　2009—2019年东莞市地区生产总值及占广东省比重

（资料来源：《广东统计年鉴2020》）

分产业看，东莞市第一产业增加值28.48亿元，增长5.5%；第二产业增加值5361.50亿元，增长7.6%；第三产业增加值4092.52亿元，增长7.2%。三次产业比例为0.3∶56.5∶43.2。在第三产业中，交通运输、仓储和邮政业增长5.3%，批发和零售业增长4.9%，住宿和餐饮业增长5.1%，金融业增长12.7%，房地产业增长6.6%。在现代产业中，规模以上先进制造业增加值2420.01亿元，比上年增长12.7%；高技术制造业增加值1883.32亿元，增长20.6%。现代服务业增加值2523.52亿元，增长8.5%。

2019年，东莞市区域创新综合值为41.04，排广东省第4位。总体而言，东莞市国民经济发展水平高于广东省平均水平，排名靠前。

（2）工业发展情况

2019年东莞市规模以上工业增加值4465.31亿元，比上年增长8.5%。其中，重工业增加值2926.83亿元，增长13.0%，占规模以上工业增加值的65.5%；轻工业增加值1538.48亿元，增长0.9%，占规模以上工业增加值的34.5%。2019年东莞市规模以上工业五大支柱产业增加值3133.78亿元，比上年增长10.8%；工业四个特色产业（玩具及文体用品制造业、家具制造业、化工制造业、包装印刷业）增加值361.14亿元，下降1.3%。全年高技术制造业增加值比上年增长20.6%。其中，医药制造业增长2.1%，航空、航天器及设备制造业下降27.3%，电子及通信设备制造业增长20.9%，计算机及办公设备制造业增长17.9%，医疗仪器设备及仪器仪表制造业增长29.3%。

2019年东莞市先进制造业增加值比上年增长12.7%。其中,高端电子信息制造业增长21.3%,先进装备制造业下降1.4%,石油化工产业增长11.6%,先进轻纺制造业下降1.8%,新材料制造业增长5.1%,生物医药及高性能医疗器械制造业增长15.2%。全年优势传统产业增加值比上年增长1.9%。其中,纺织服装业下降1.6%,食品饮料业增长1.4%,家具制造业下降7.3%,建筑材料业增长18.6%,金属制品业增长1.4%,家用电力器具制造业增长10.6%。

2019年,东莞市规模以上工业综合经济效益指数为190.9%,总资产贡献率7.5%,成本费用利润率3.4%,产品销售率96.9%,全员劳动生产率17.67万元/人年,实现利润总额762.39亿元。

(3) 科技发展情况

1) 科技发展统计

2019年,东莞市专利申请量和授权量分别为83 217件和60 421件。其中,发明专利申请量为20 290件,比上年下降17.8%,占专利申请总量的24.4%,数量排全省第3位;发明专利授权量为8006件,增长19.2%,数量排全省第3位;PCT国际专利申请量为3268件,增长21.1%,数量排全省第2位。

2019年,东莞市R&D经费支出总额289.96亿元,比上年增长22.70%;R&D经费投入强度为3.06%,比上年提高0.38个百分点。如表5-12所示,分活动类型看,东莞市基础研究经费支出1.58亿元,同比下降5.39%;应用研究经费支出7.40亿元,同比增长2.64%;试验发展经费支出280.98亿元,增长23.54%。基础研究、应用研究和试验发展经费所占比重分别为0.55%、2.55%、96.90%。按活动主体看,东莞市各类企业R&D经费支出275.15亿元,比上年增长22.60%;科研机构经费支出8.35亿元,增长39.87%;高等院校经费支出6.25亿元,增长9.46%;其他企事业单位经费支出0.21亿元。企业、科研机构和高等院校的R&D经费支出所占比重分别为94.89%、2.88%和2.16%。

表5-12 2019年东莞市全社会R&D经费构成

指标名称		2018年	2019年	增长
全社会R&D经费/亿元		236.32	289.96	22.70%
活动类型	基础研究	1.67	1.58	-5.39%
	应用研究	7.21	7.40	2.64%
	试验发展	227.44	280.98	23.54%
活动主体	各类企业	224.43	275.15	22.60%
	科研机构	5.97	8.35	39.87%
	高等院校	5.71	6.25	9.46%
	其他企事业单位	0.21	0.21	0.00%

从行业类型来看，东莞市R&D经费投入主要集中在制造业，其中计算机、通信和其他电子设备制造业，电气机械和器材制造业，橡胶和塑料制品业，专用设备制造业，金属制品业，通用设备制造业的R&D经费支出均超过10亿元，分别为125.56亿元、25.60亿元、14.66亿元、14.05亿元、12.50亿元和10.18亿元，这六大行业的R&D经费支出占全市的比重分别为43.30%、8.83%、5.06%、4.85%、4.31%和3.51%，共计占东莞市R&D经费投入的69.86%。

2019年，东莞市新增国家高新技术企业1720家，高新区工业总产值5477.02亿元，高新区营业收入5595.83亿元，出口总额1368.03亿元，净利润167.89亿元。高新技术企业6214家，占广东全省12.21%，从业人员达99.93万人，占广东全省13.83%（表5-13）。

2019年，东莞市各级重点实验室和工程技术研究中心累计总数达716家，其中国家级2家，省级401家，市级313家；省市级新型研发机构累计总数达59家，其中省级26家，市级33家；引进省级创新科研团队36个，市级创新科研团队38个；科技企业孵化器117家，其中国家级23家，众创空间81家。东莞市政府大力推进科技信贷、科技保险等工作，推动16家签约银行为1503家企业发放贷款2673笔，贷款金额达107亿元。技术合同登记417项，成交金额达222.07亿元，技术交易额为221.47亿元。

表5-13 东莞市科技创新发展情况

指标	广东省	东莞市	占比
高新技术企业数/家	50 879	6214	12.21%
高企培育入库数/家	5264	213	4.05%
享受税收优惠高企数/家	20 420	1694	8.30%
省级新型研发机构/个	251	26	10.36%
省级新型研发机构孵化企业数/家	6001	1563	26.05%
省级新型研发机构成果转化和技术服务收入/亿元	359.91	36.24	10.07%
省级以上创新平台数/家	6585	472	7.17%
工业技术改造投资额/亿元	4019.2	505.27	12.57%
实施技术改造规上工业企业数/家	8894	1228	13.81%
智能化技术改造示范企业数/家	404	32	7.92%
新增机器人应用数/台	22 226	3350	15.07%
科技企业孵化器/家	989	117	11.83%
孵化器面积/万平方米	1788.47	197.46	11.04%
孵化器在孵企业/家	31 791	3474	10.93%
孵化器当年毕业企业/家	2790	112	4.01%
众创空间数/家	986	81	8.22%

2）科技创新模式

突出企业创新主体地位，构建企业培育体系。实施百强创新型企业培育计划。深化实施重点企业规模与效益"倍增计划"和高新技术企业"树标提质"行动计划，优化扶持措施，完善财政支持政策，推动高新技术企业整体实现从"数量优势"到"质量优势"的转变。大力培育百强创新型企业，在全市遴选100家创新研发能力强、创新人才集聚、拥有自主知识产权、成果转化效益好的高新技术企业，认定为百强创新型培育企业，推进企业研发、人才、资本、行业等的协同。

大力支持重点领域核心关键技术攻关。聚焦新一代信息技术、高端装备制造、新能源、新材料、生命科学和生物技术、先进制造、新一代移动通信、卫星通信等领域，通过公开征集、自主推荐、专家举荐、揭榜等多种方式，广泛征集核心关键技术攻关项目，采用动态滚动的资金支持方式，并适时引入科创基金或风险投资，形成政府与社会资金共同支持机制。探索建立莞港澳关键核心技术联合攻关机制，积极对接国家、省和港澳重大科技专项和重点研发计划，鼓励东莞市各创新主体主动承接国家、省和港澳重大科技项目，或者引入已立项重大科技项目的后续研发和产业化落地。

推进重大科技基础设施建设与应用。对标国际先进，高标准规划、建设中子科学城，推进中子科学城与深圳光明科学城协同发展，共同打造综合性国家科学中心核心区。加快布局建设散裂中子源二期、同步辐射光源、自由电子激光等大科学装置，打造粤港澳大湾区大科学装置集群。推进重大科技基础设施和基础研究平台的开放共享，强化与广州、深圳的科技合作和联动，探索区域合作新模式，着力吸引高端创新资源在莞集聚。积极融入和主动布局全球创新网络，重点加强与港澳的协同创新，联合开展重大科学原理研究和核心前沿科技攻关，力争突破并掌握一批原创性核心技术。

在重点产业支持颠覆性技术创新。围绕东莞市十大重点新兴产业发展需求，以市科学技术局为牵头单位，市发展改革局、市工业和信息化局、市商务局等单位配合，大力支持源头创新和重大技术集成创新，培育吸引一批开展颠覆性技术创新的优秀人才和创新团队，加快孵化一批颠覆性技术创新企业，推动构建基于颠覆性技术的产业生态。探索建立符合创新规律和产业变革发展方向的颠覆性技术遴选、培育和管理服务机制，建立颠覆性技术创新项目库，按照长期培育、动态调整、小额起步、逐步加码的方式给予支持。

5.11.2 东莞市创新能力评价

2019年东莞市创新能力全省排第4位，对比2018年排名无变化，创新能力保持稳定（表5-14）。分指标分析，投入排第7位，相对2018年下降1位；产出排第2位，与2018年保持一致；产业升级排第4位，与2018年保持一致；产业创新环境排第6位，下降1位。整体而言，东莞市创新能力水平相对较强，各项指标水平保持全省前列，具有较强的创新活力与创新潜力。

表 5-14 东莞市创新能力指标分析

指标名称	2018 年综合指标		2019 年综合指标	
	指标值	排名	指标值	排名
综合值	41.31	4	41.04	4
1 投入	43.77	6	42.88	7
1.1 全社会 R&D 经费支出与 GDP 之比	55.45	4	59.96	3
1.2 每万名就业人员中 R&D 人员数量	53.79	4	56.68	4
1.3 规模以上工业企业研发经费支出占主营业务收入比重	29.21	9	35.51	7
1.4 地方财政科技拨款占地方财政支出比重	36.63	6	19.38	8
2 产出	45.22	2	44.72	2
2.1 万人有效发明专利拥有量	28.78	4	32.93	4
2.2 PCT 专利申请数占全省 PCT 专利申请量的比重	14.91	2	18.70	2
2.3 高技术制造业增加值占规模以上工业比重	57.42	3	59.79	3
2.4 新产品销售收入占主营业务收入比重	100.00	1	100.00	1
2.5 形成国家或行业标准数量	24.96	4	12.16	4
3 产业升级	47.37	4	45.14	4
3.1 第三产业增加值占 GDP 比重	34.60	4	4.93	17
3.2 先进制造业增加值	30.80	4	35.43	4
3.3 单位 GDP 能耗增长速度	93.01	3	95.06	2
4 产业创新环境	29.33	5	31.50	6
4.1 高校和科研院所研发支出来自企业的比例	31.05	10	40.87	12
4.2 全员劳动生产率	9.66	19	9.66	19
4.3 科研机构数	20.50	4	18.89	4
4.4 每千人拥有的企业数	63.81	4	71.21	4
4.5 获得风险投资金额	16.06	3	16.88	4

从具体指标看，在投入方面，东莞市多项指标排名均在稳步上升，其中，每万名就业人员中 R&D 人员数量从 2018 年的第 4 位上升为第 3 位，规模以上工业企业研发经费支出占主营业务收入比重从 2018 年的第 9 位上升为第 7 位，地方财政科技拨款占地方财政支出比重小幅下降，从 2018 年的第 6 位下降到第 8 位。东莞市创新投入水平稳步上升，对区域创新发展起到支撑作用。

在产出方面，东莞市排全省第 2 位，创新产出各项指标均位列全省前四。其中，新产品销售收入占主营业务收入比重指标稳定在全省第 1 位，PCT 专利申请数占全省 PCT 专利申请量的比重排名稳定在全省第 2 位，高技术制造业增加值占规模以上工业比重稳定在全省第 3 位，万人有效发明专利拥有量稳定在全省第 4 位。整体而言，东莞市创新产出水平较强，持续性良好。

在产业升级方面，东莞市指标值小幅下降，排名保持不变，排全省第 4 位，排名仍然靠前。第三产业增加值占 GDP 比重大幅下降，主要由于东莞市第三产业增速放缓，排名从 2018 年的第 4 位下降至第 17 位。2019 年，东莞市先进制造业增加值变化不大，排名无变化，排全省第 4 位。单位 GDP 能耗增长速度小幅上升，排名上升 1 位，排全省第 2 位。未来，东莞市应当大力提升第三产业结构，增加服务业对经济增长贡献水平，促进产业转型升级发展。

从产业创新环境方面分析，东莞市科研机构数、每千人拥有的企业数指标值排名保持不变，排全省第 4 位。高校和科研院所研发支出来自企业的比例下降，排名下降 2 位；获得风险投资金额指标排名下降 1 位；全员劳动生产率较低，排全省第 19 位。东莞市创新环境基本面良好，创新体系建设、产学研合作呈现融合发展态势，风险投资流入市场水平稳定。未来，东莞市政府应当关注全员劳动生产率，提高科技成果转化效率，提高创新成果转化动能。

5.11.3 东莞市主要企业或行业创新活动分析

（1）OPPO 广东移动通信有限公司

OPPO 广东移动通信有限公司（简称"OPPO"）成立于 2004 年，是一家专注于终端产品、软件和互联网服务的科技公司，OPPO 于 2008 年推出第一款"笑脸手机"，由此开启探索和引领至美科技的企业定位。目前，OPPO 专注于终端产品、软件和互联网服务，业务遍及 40 多个国家和地区，拥有超过 400 000 个销售网点。OPPO 在全球共有六大研究所和四大研发中心，拥有超过 40 000 名员工。2019 年 12 月，OPPO 入选 2019 中国品牌强国盛典榜样 100 品牌，2020 年荣获广东省创新型企业 100 强。

近年来，OPPO 一直稳居全球智能手机市场出货量排名第四的位置，在国内的销量更是名列前茅，OPPO 的创新重点聚焦在最能影响年轻人用机体验的地方，具体表现在颜值、拍照与续航 3 个方面。2012 年，OPPO 推出采用息屏美学设计的 OPPO Find 5，深受广大用户喜爱，随后推出天际线呼吸灯设计，在 OPPO Find X 上采用双轨潜望结构设计，随后又应用超高屏占比真全面屏设计。同时，OPPO 一直专注手机拍照的技术创新，开创了"自拍美颜"时代，接连推出 OPPO N1、OPPO N3 两款旋转摄像头手机，让用户首次感受到用超高像素镜头进行自拍的出众体验，OPPO FaceKey 3D 结构光技术及 3-HDR 技术，成为手机自拍领域的领航先锋。为了满足用户对手机电量的需求，OPPO 在 Find 7 上首次搭载 VOOC 闪充技术，为用户提供又快又安全并且发热量极低的低压大电流闪充体验。2018 年 OPPO 再次进行创新，推出最高充电功率接近 50 W 的 SuperVOOC 超级闪充技术，仅需 10 分钟就可以给 OPPO R17 Pro 充入 40% 的电量，续航能力的提升大幅提升了用户体验。

OPPO长期以来以实用需求为导向的理念，持续推行技术的迭代创新。2019年，OPPO创新大会发布的新技术——10倍混合光学变焦技术，是巨大的突破性创新。OPPO在影像技术创新上有多项技术突破，通过超广角、超清主摄、长焦三颗摄像头来协同完成全新的变焦技术，其中最关键的技术是潜望式结构，同时支持光学防抖技术。此外还有D-cut镜片工艺，这项技术用到了业内首创的非对称注塑成型工艺，就像在圆形镜片上平行切割了两刀，将三摄模组厚度控制在6.76 mm。2019年，OPPO成立了新兴移动终端事业部，并推出了智能助理Breeno，明确表示在5G+时代，OPPO将所有的智能终端融合起来打造IoT生态产品，为用户提供至美科技解决方案。截至2020年1月，OPPO拥有专利数量超过9万件，其中发明专利超过4万件。可以说，OPPO用科技创新实力保障其国内外辉煌的出货量。未来，OPPO将迈向更高端的市场，实现更高质量的科技创新发展。

（2）易事特集团股份有限公司

易事特集团股份有限公司（简称"易事特"）始创于1989年，主营5G+智慧电源（5G供电、轨道交通供电、智能供配电、特种电源）、智慧城市和大数据（云计算/边缘计算数据中心、IT基础设施）、智慧能源（光伏发电、储能、充电桩、微电网）三大战略板块业务，是全球数字产业和智慧能源综合解决方案提供商。易事特曾是世界500强施耐德控股子公司，现已发展成为广东省属国资恒健控股旗下上市公司，是广东省混改典范。公司总部坐落于东莞松山湖国家级高新区，在南京、西安、苏州设有研发中心，在全球设有268个客户中心，营销及服务覆盖全球100多个国家和地区。

易事特产品及解决方案先后应用于神舟系列飞船发射基地、青藏铁路、美国首条无人驾驶地铁、北京S1线、大兴国际机场等项目供电系统；腾讯、百度、阿里巴巴、IBM（国际商业机器公司）、中国移动、中国电信、中国联通、中国铁塔、工商银行、建设银行、农业银行、中国银行等数据中心；G20峰会、港珠澳大桥、捷豹、路虎、宝马、奔驰等新能源车充电桩项目。此外，易事特多年来在数字乡村、光伏扶贫、电网改造、粮安工程、雪亮工程、乡村教育、乡村医疗等"三农"服务中发挥重要作用。公司"IEPS智能应急供电系统"被列入国家发展改革委"电力电子产业化专项"，"分布式发电电气设备与系统集成制造项目"被列入国家发展改革委、工业和信息化2010年重点技术改造专项和广东省首批战略性新兴产业十强项目，"500 kW工业厂房屋顶分布式光伏发电站"被城乡住房建设部、财政部授予"国家光电建筑示范工程"。2019年，荣获东莞市创新十大企业，2020年，荣获广东省创新百强企业。

易事特集团将创新作为企业核心文化，截至2020年，集团共有1067件专利，其中353件发明专利，专利涉及电能储蓄系统、测量电变量、测量磁变量等技术领域。易事特秉承"技术创新，自主品牌"发展理念，组建了世界级研发平台和科研团队，先后设立了行业内首个国家级"博士后科研工作站""院士专家企业工作站""教育部光伏系统工程研究中心产业化基地""广东省省级企业技术中心""易事特研究院"等一系列业内领先高端科研平台，成立了由多名国际权威专家组成的国际创新团队。同时，易事特组建了由院士、博导和博士及博士后领衔的研发技术团队，并与中国科学院、清华大学、浙江大学、南京航空航天大学、西南交通大学、合肥工业大学等国内20多所知名院校深入开展产学研合作，形成了领先的技术优势和人才优势。

（3）广东生益科技股份有限公司

广东生益科技股份有限公司（简称"生益科技"），创建于1985年，是一家中外合资股份制上市公司，是国内唯一一家覆铜板上市公司，总部位于东莞市。生益科技集研发、生产、销售和服务高端电子材料于一体，获得了"中华之最（覆铜板生产基地）"等多项国家荣誉。生益科技不仅是国内同行业的领头羊，同时也已成为东莞最知名和最具竞争力的企业之一，于2020年获广东省电子信息制造业综合实力百强企业、广东省创新百强企业等称号。

生益科技技术力量雄厚，先后开发出多种在世界范围内广泛应用的高科技产品，由科技部于2011年批准组建"国家电子电路基材工程技术研究中心"，并于2011年获得"国家认定企业技术中心"荣誉。同时，公司还设立了博士后科研工作站，积极主导制定相关国际标准、国家标准和行业标准，助推广东产学研融合发展。截至2020年1月，生益科技共有2733件专利，其中894件为发明专利，技术涉及柔性金属、无卤环氧树脂、真空室负压等领域，凭借优秀的研发能力和先进的技术生产水平，公司先后被评为广东省首批创新型企业、东莞市专利试点企业，同时担任覆铜板行业协会理事长单位、中国印制电路行业协会副理事长单位等。

（4）东莞新能源科技有限公司

东莞新能源科技有限公司（简称"ATL"）总部位于香港，是致力于可充式锂离子电池的电芯、封装和系统整合的研发、生产和营销的高新科技企业。公司在全球专业锂电池制造商中，其技术、产能与销量均处于领先地位。ATL生产的锂电池被广泛应用于笔记本电脑、手机、数字播放器、数码相机、便携式录像机、电动工具等各种消费电子产品。与此同时，ATL正在积极拓展电动汽车与储能系统市场。2019年，ATL在全球新能源企业500强中位列第213位，荣获2020年广东省创新百强企业。

ATL科研人员经过多年研究，广泛借鉴国内外相关学术成果，研发出水动力节油器，该产品适用于所有以汽油、柴油、天然气等为动力的发动机，如各种型号汽车、轮船（船上柴油发电机）、大型柴油发电机组、大型农机具等。该产品节能减排效果显著，节能20%~50%，减少有害气体排放50%以上，同时增加动力输出10%以上，对绿色创新发展有重要贡献。

5.11.4 东莞市主要政府部门的积极作为

支持高校、实验室、新型科研机构落户东莞。第一，东莞市政府大力支持基础研究。例如，支持松山湖材料实验室开展材料科学基础前沿研究和成果转移转化，力争在重大科学领域和关键技术方面实现颠覆性、原创性突破，着力解决先进材料领域的"卡脖子"问题。第二，设立高标准实验室，对标国家实验室，建立健全符合国际创新规律的实验室运行管理机制，坚持开放共享，发挥其在粤港澳大湾区国际科技创新中心的主轴作用，着力吸引先进材料领域的全球顶尖科研团队和重大基础研究项目。第三，鼓励大湾区高校合作研究，支持港澳及世界知名大学来莞合作办学、共建学院及建立研究机构。例如，东莞理工学院与香港城市大学合作建设散裂中子源多物理谱仪，参与重大科学基础设施、省实验室等基础研究平台建设，开展关键共性技术、前沿引领技术、现代工程技术研究。

高度重视科技成果转移转化。第一，以促进新型研发机构开展成果转化、支撑产业发展为目的，东莞市实施新型研发机构提质增效计划，聚焦成果转化、产业孵化、市场化运营、行业服务，大力支持新型研发机构提升技术创新能力、人才培养能力、成果转化能力、服务产业能力。配合创新科技管理体制机制落地，面向科学前沿问题，加强学科交叉融合和科技创新平台建设。第二，深化产学研协同创新。积极参与"三部两院一省"产学研结合战略合作，加强省、院、市联动。加强与港澳的协同创新机制，促进港澳各类科技资源向东莞产业领域流动。支持港澳及世界知名高校、科研机构、企业来莞设立分支机构并享受相关优惠政策，共建高水平的协同创新平台，促使重大科技成果落地转化。

5.12 中山市

5.12.1 中山市创新现状描述

（1）国民经济和社会发展综合概况

2019年，中山市地区生产总值（GDP）为3101.1亿元，排广东省第9位，比上年增长1.2%。增速低于全国（6.1%）4.9个百分点，低于广东省（6.2%）5.0个百分点。2009—2018年，中山市地区生产总值占广东省地区生产总值的比重呈现下降趋势，但基本保持在4%左右。2019年，中山市地区生产总值增长缓慢，中山地区生产总值占广东省地区生产总值的比重骤降至2.88%。图5-15显示了2009—2019年中山市地区生产总值及占广东省比重情况。

分产业看，第一产业增加值62.60亿元，同比下降2.0%；第二产业增加值1521.82亿元，同比下降1.6%；第三产业增加值1516.68亿元，同比增长4.4%。三次产业结构进一步调整为2.0∶49.1∶48.9，第三产业增加值占GDP的比重为48.9%，同比提高1.4个百分点，第三产业稳步发展。从六大产业看，其他服务业及金融业发展较快，同比增长9.1%和8.7%，住宿餐饮业、房地产业、批发零售业分别增长2.7%、1.3%和0.9%，交通运输、仓储和邮政业下降22.7%。

2019年，中山市区域创新综合值为31.40，排广东省第6位。总体而言，中山市国民经济发展水平高于广东省平均水平，排名靠前。

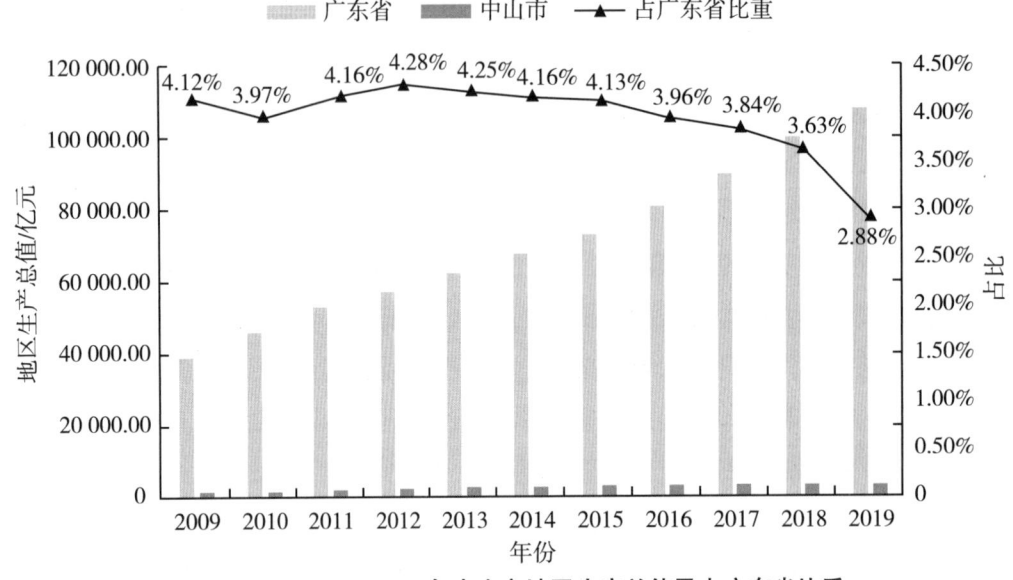

图 5-15 2009—2019 年中山市地区生产总值及占广东省比重

（资料来源：《广东统计年鉴 2020》）

（2）工业发展情况

2019 年，中山市工业经济总体处于下行状态，轻工业小幅下降，重工业大幅下降。2019 年，中山市规模以上工业企业完成增加值 1150.83 亿元，同比下降 2.0%。

分经济类型看，国有及国有控股企业增长 6.0%，民营企业增长 1.2%，外商及港澳台商投资企业下降 6.1%，股份制企业增长 2.1%。分轻重工业看，轻工业实现增加值 626.17 亿元，同比下降 1.6%；重工业实现增加值 524.66 亿元，同比下降 2.4%。分企业规模看，大型企业下降 0.8%，中型企业下降 3.7%，小型企业下降 1.5%。

分行业看，高技术制造业增加值下降 11.1%，其中计算机及办公设备制造业增长 27.5%，医疗设备及仪器仪表制造业增长 8.6%，医药制造业下降 19.6%，电子及通信设备制造业下降 14.4%。先进制造业增加值下降 0.7%，其中先进装备制造业增长 1.6%，石油化工产业增长 5.3%，先进轻纺制造业增长 2.3%，高端电子信息制造业下降 6.3%，新材料制造业下降 1.9%，生物医药及高性能医疗器械制造业下降 16.6%。传统优势工业增加值增长 0.3%，其中家用电力器具制造业增长 8.5%，金属制品业增长 1.0%，建筑材料业增长 8.0%，食品饮料业下降 6.3%，家具制造业下降 2.1%，纺织服装业下降 10.6%。

规模以上工业企业实现利润总额 245.85 亿元，增长 8.7%；营业利润 237.96 亿元，增长 12.4%。民营企业实现利润总额 111.79 亿元，增长 10.7%。

规模以上工业企业总资产贡献率 9.33%，下降 0.4 个百分点；资本保值增值率 105.02%，下降 3.2 个百分点；流动资产周转率 1.74 次，减少 0.1 次；成本费用利润率 4.96%，下降 0.4 个百分点；资产负债率 57.38%，下降 0.5 个百分点；全员劳动生产率 15.15 万元/人年，增长 3.5%；

产品销售率 99.38%。亏损企业亏损额 28.00 亿元，下降 8.1%。亏损企业亏损面 16.29%，同比扩大 4.48 个百分点。

（3）科技发展情况

1）科技发展统计

2019 年，中山市专利申请量达 43 066 件，下降 12.2%，其中发明专利申请量 7808 件，下降 4.4%。专利授权量 33 395 件，下降 2.1%。

2019 年，中山市基础与应用基础研究基金项目数量为 4 项，其中，自然科学基金 1 项，省联合基金 3 项，资助资金共计 40 万元。中山市 2019 年技术合同登记 221 项，成交金额达 3.68 亿元，技术交易额为 3.53 亿元。中山市高新区工业总产值 1408.51 亿元，高新区营业收入 1629.69 亿元，出口总额 474.15 亿元，净利润 60.91 亿元。高新区企业数 2510 个，占广东全省 4.95%，从业人员达 36.19 万人，占广东全省 5.01%。

2019 年，中山市共有高新技术企业 2565 家，占广东省 5.04%，其中又有 1628 家享受税收优惠，高企培育入库 238 家，占广东省 4.52%。中山市共有新型研发机构 8 个，全部为省级新型研发机构，孵化企业达 51 家，实现科技成果转化和技术服务收入 97.87 亿元。2019 年，中山市新设省工程中心 36 个，共计 361 个，省级以上创新平台达 366 家，科技企业孵化器达 44 家，众创空间 43 家（表 5-15）。

表 5-15　中山市科技创新发展情况

指标	广东省	中山市	占比
高新技术企业数 / 家	50 879	2565	5.04%
高企培育入库数 / 家	5264	238	4.52%
享受税收优惠高企数 / 家	20 420	1628	7.97%
省级新型研发机构 / 个	251	8	3.19%
省级新型研发机构孵化企业数 / 家	6001	51	0.85%
省级新型研发机构成果转化和技术服务收入 / 亿元	359.91	97.87	27.19%
省级以上创新平台数 / 家	6585	366	5.56%
工业技术改造投资额 / 亿元	4019.2	82.38	2.05%
实施技术改造规上工业企业数 / 家	8894	623	7.00%
智能化技术改造示范企业数 / 家	404	41	10.15%
新增机器人应用数 / 台	22 226	1861	8.37%
科技企业孵化器 / 家	989	44	4.45%
孵化器面积 / 万平方米	1788.47	47.36	2.65%
孵化器在孵企业 / 家	31 791	1771	5.57%
孵化器当年毕业企业 / 家	2790	59	2.11%
众创空间数 / 家	986	43	4.36%

2）科技创新模式

中山市大力推行科技发展专项资金，具体包括为重大科技专项、企业研发准备金补助相关的科技创新专项；与孵化平台、中小微企业公关创新平台、产学研公关创新服务平台相关的科技创新创业服务平台专项；与重点券、一般券、服务券相关的科技创新券；与新认定高企、复审通过高企、高新技术产品认定相关的高新技术企业发展专项；与开办补助、购置设备补助、参与项目补助、孵化项目股权投资相关的新型研发机构专项资金。各类专项资金保障中山地区科技创新发展资源要素，营造良好创新创业环境。

科技创新政策具有以下特点。第一，资金分配以市场导向为主，最大程度上尊重市场逻辑，鼓励资金向市场最紧缺的方向流入。第二，扶持对象从小众向普惠转移，扶持方式向事前自主、事后自主和科技金融等多种方式健全发展。第三，科技创新政策强调重点支持研发活动和创新环境的打造，鼓励多主体以多种方式方法自主研发，营造地区创新创业环境。第四，转变管理方式，由封闭式、内部式向开放式、公开式方向发展，增加信用评级管理。

5.12.2 中山市创新能力评价

2019年中山市创新能力全省排第6位，对比2018年排名无变化，创新能力保持稳定（表5-16）。分指标分析，投入指标值下降，排第6位，相对2018年下降1位；产出排第7位，与2018年保持一致；产业升级排第14位，下降4位；产业创新环境排第4位，上升2位。整体而言，中山市创新能力水平相对较强，各项指标水平保持全省前列，具有较强的创新活力与创新潜力。

表5-16 中山市创新能力指标分析

指标名称	2018年综合指标		2019年综合指标	
	指标值	排名	指标值	排名
综合值	31.51	6	31.40	6
1 投入	46.43	5	44.03	6
1.1 全社会R&D经费支出与GDP之比	39.68	8	39.61	8
1.2 每万名就业人员中R&D人员数量	43.81	7	38.61	7
1.3 规模以上工业企业研发经费支出占主营业务收入比重	31.32	7	32.94	8
1.4 地方财政科技拨款占地方财政支出比重	70.91	2	64.96	4
2 产出	20.14	7	19.69	7
2.1 万人有效发明专利拥有量	22.60	6	22.33	6
2.2 PCT专利申请数占全省PCT专利申请量的比重	1.33	7	1.08	7

续表

指标名称	2018年综合指标		2019年综合指标	
	指标值	排名	指标值	排名
2.3 高技术制造业增加值占规模以上工业比重	27.74	7	22.92	8
2.4 新产品销售收入占主营业务收入比重	42.84	8	47.97	7
2.5 形成国家或行业标准数量	6.21	7	4.14	6
3 产业升级	35.78	10	30.68	14
3.1 第三产业增加值占GDP比重	28.89	9	24.14	11
3.2 先进制造业增加值	7.00	8	7.98	7
3.3 单位GDP能耗增长速度	84.01	12	59.93	15
4 产业创新环境	26.83	6	33.38	4
4.1 高校和科研院所研发支出来自企业的比例	23.23	12	100.00	1
4.2 全员劳动生产率	6.42	20	6.42	20
4.3 科研机构数	4.97	16	4.44	14
4.4 每千人拥有的企业数	48.29	5	49.32	5
4.5 获得风险投资金额	3.57	6	6.73	6

从具体指标看，在投入方面，中山市多项指标排名均保持稳定，其中，全社会R&D经费支出与GDP之比、每万名就业人员中R&D人员数量指标排名无变化，分别排第8位、第7位。规模以上工业企业研发经费支出占主营业务收入比重、地方财政科技拨款占地方财政支出比重指标排名小幅下降，分别下降1位和2位。整体而言，中山市创新投入水平保持稳定，能够支撑区域创新持续发展。

在产出方面，中山市排全省第7位，创新产出各项指标均位列全省前10，排名变动幅度很小。其中，新产品销售收入占主营业务收入比重、形成国家或行业标准数量指标排名分别上升1位，排全省第7位和第6位。高技术制造业增加值占规模以上工业比重指标排名下降1位，排全省第8位。PCT专利申请数占全省PCT专利申请量的比重指标排名稳定在全省第7位，万人有效发明专利拥有量稳定在全省第6位。整体而言，中山市创新产出水平较强，持续性良好，排名相对靠前。

在产业升级方面，中山市指标值大幅下降，2019年排名下降至第14位。第三产业增加值占GDP比重下降2位，主要由于中山市第三产业对区域经济贡献水平下降，排名从2018年的第9位下降至11位。单位GDP能耗增长速度小幅下降，排名下降3位，排全省第15位。2019年，中山市先进制造业增加值排名上升1位，排全省第7位。未来，中山市应当大力提升第三产业结构，增加服务业对经济增长贡献水平，促进产业转型升级发展。

从产业创新环境方面分析，中山市创新环境排名上升，排全省第4位，说明中山市政府对营造良好创新环境较为重视。高校和科研院所研发支出来自企业的比例指标排名大幅上升，列全省首位。科研机构数指标排名上升2位，2019年排全省第14名，每千人拥有的企业数指标值排名保持不变，排全省第5位，获得风险投资金额指标仍然排第6位，全员劳动生产率较低，排全省第20位。中山市创新环境相对较好，产学研合作呈现融合发展位居全省前列，风险投资流入市场水平稳定。未来，中山市政府应当关注全员劳动生产率，提高科技成果转化效率，提高创新成果转化动能。

5.12.3 中山市主要企业或行业创新活动分析

（1）中山大洋电机股份有限公司

中山大洋电机股份有限公司（简称"大洋电机"），1994年创立于中山市。公司致力于成为全球电机及驱动系统行业领袖，为全球客户提供安全、环保、高效的驱动系统解决方案，是一家拥有"建筑及家居电器电机、新能源汽车动力总成系统、氢燃料电池系统及氢能发动机系统、车辆旋转电器"等产品，集"高度自主研发、精益制造、智慧营销"于一体的高新技术企业。

大洋电机拥有每年超过7500万台套建筑及家居电器电机、30万台套新能源汽车动力总成系统及500万台车辆旋转电器的生产能力。旗下拥有超过70家控股及参股公司，产品远销五大洲40多个国家和地区，与国内外行业知名品牌及多家世界500强企业建立了良好的合作伙伴关系。大洋电机先后荣获"省知识产权示范企业""省创新型企业"等荣誉上百项，自有品牌"大洋电机"成为广东省著名商标及出口品牌。同时通过并购，公司拥有了百年国际品牌"佩特来"的永久免费使用权和"上海电驱动""杰诺瑞"等多个行业知名品牌。"2019中国民营企业制造业500强"发布，大洋电机排第491位。2020年1月11日，公司列"2019中国企业社会责任500优榜单"第421位，并荣获2020年广东创新企业"百强企业"。

通过开展氢燃料电池模组生产及氢能储运等一系列的业务拓展，大洋电机已初步形成新能源汽车产业链完善的产业战略布局。在全球新能源汽车及氢燃料电池产业链的精准布局，有效提升了大洋电机在全球新能源汽车行业及氢燃料电池行业的重要性。目前正处于以科技创新带动产业转型升级、新产业快速发展阶段，通过围绕电机及其应用产业的升级，逐步拓宽公司的产品线；通过资本运营，实施内生式发展与外延式扩张，促进公司国际化进程，有效利用全球资源并进行合理高效配置，进一步提升品牌形象，实现"大洋电机，转动地球"的企业愿景。

（2）华帝股份有限公司

华帝股份有限公司（简称"华帝股份"）创立于1992年4月，主要从事燃气用具、厨房用具、家用电器生产和销售及企业自有资产投资、进出口经营业务。公司产品已形成以灶具（燃气灶、沼气灶）、热水器（电热水器、燃气热水器和太阳能热水器）、抽油烟机、消毒柜、橱柜等系列产品为主的500多个品种，其燃气灶具成为中国灶具领导品牌，燃气热水器、抽油烟机分别进入全国行业三强。2006年4月28日，华帝股份获批成为北京2008年奥运会燃气灶具独家供应商；2008年3月，华帝股份成为北京奥运会祥云火炬制造商。2019年8月29日，广东省企业联合会、广东省企业家协会联合公布2019广东企业500强榜单，华帝股份排第226位。2020年1月11日，"2019中国企业社会责任500优榜单"发布，华帝股份排第139位。

（3）明阳智慧能源集团股份公司

中山市明阳智慧能源集团股份公司（简称"明阳集团"）经历了4次产业升级，在风电行业开创了"明阳模式"，通过从外部引入研发设计团队，解决技术问题，奠定行业领先地位，并逐步在风电、海上风电两大领域形成全产业链布局，引领行业技术发展。

明阳集团在产学研方面有较多成果经验，促成企业从研发输变电设备到拥有大型节能和电力电子装备技术的转型。先后与清华大学、德国Aerodyn公司合作，逐步掌握了风力发电控制系统的技术，获得了1.5兆瓦风力发电机组的知识产权。同时，自主创新是明阳集团一直高速发展的基因，未来会和国内科工院所合作，开发定制化的太阳能空间电池，适用于国家深空探测或月球登陆相关的卫星特殊应用。明阳集团坚守新能源装备制造20余年，把一个作坊式的小工厂做成了世界排名前六的新能源企业。按照广东建设海洋强省的战略部署，明阳集团正在承担海上风电大风机及相关重大装备研究制造、海洋工程建设的任务，具有龙头引领作用，形成集海上风电研发实验、高端制造、运营服务、高端装备出口等于一体的新经济增长极，为全省经济高质量发展贡献明阳集团的力量。

5.12.4 中山市主要政府部门的积极作为

中山市政府不断总结创新经验、创新流程、创新机制，推出企业代表制度常态化、优化营商环境、实施创新驱动"224"工程、鼓励发展总部经济、高端人才引育计划、粤澳跨境支付等系列改革创新，重塑发展新优势。在共建粤港澳大湾区国际科技创新中心方面，中山市积极争取了一批国家和省的重大创新平台落地，将依托光子科学中心等重大科技基础设施，对标国际一流标准，规划建设集基础研究、技术研发、成果转化、企业孵化等功能于一体的中山科技创新园，为科技创新人才提供舒适、便捷、优美的工作和生活环境，打造中山科技创新"新引擎"。

中山市政府推出一系列减税降费等稳企安商政策，坚持重商亲商扶商，进一步加快中山市区域创新步伐。从2020年起，《中山市人民政府关于进一步鼓励发展总部经济的若干意见》正式施行，之后又陆续出台《鼓励发展总部经济实施细则》《中山市总部人才子女入学办法》等配套政策，形成了较完备的总部经济"1+N"政策体系。新的总部经济政策在原有政策基础上扩充了总部企业认定范围，加大了服务业总部扶持力度，提升了落户奖、贡献奖的奖励标准，加大企业落地、人才落户吸引力，为经济转型发展提供政策支撑。

中山市政府打响政务服务质量大提升攻坚战，建设服务效率最高、管理最规范、综合成本最低的营商环境高地。通过提升开办企业便利度，持续优化营商环境，目前，中山市开办企业全流程平均时间已压缩至 1 个工作日内，最快 0.5 个工作日办结，部分甚至实现了秒批。"放管服"改革持续深化，镇街体制改革扎实推进，下放 459 项镇街管理职权，全市政务服务 2300 个事项实现"最多跑一次"，1844 个事项实现"一次不用跑"。此外，中山"数字政府"建设全面推进，"一网通办"率达 97%。跨境电商综试区建设加快，电商产业链逐步完善。

5.13 江门市

5.13.1 江门市创新现状描述

（1）国民经济综合发展概况

2019 年，江门市地区生产总值（GDP）为 3146.64 亿元，排广东省第 8 位，比上年增长 4.3%，增速低于全国（6.1%）1.9 个百分点，低于广东省（6.2%）2 个百分点。江门市年末全市常住人口 463 万人，人均 GDP 为 67 962 元，排全省第 8 位，较全省平均水平（94 172 元）低 26 210 元。近年来，江门市地区生产总值占广东省地区生产总值的比重呈现下降趋势，基本保持在 3% 左右。2019 年，江门市地区生产总值增长缓慢，江门市地区生产总值占广东省地区生产总值的比重下降至 2.92%。图 5-16 显示了 2009—2019 年江门市地区生产总值及占广东省比重情况。

分产业看，第一产业增加值 254.23 亿元，增长 6.3%；第二产业增加值 1352.54 亿元，增长 2.5%；第三产业增加值 1539.87 亿元，增长 5.8%。三次产业结构为 8.1∶43.0∶48.9，第三产业稳步发展。2019 年，江门市区域创新综合值为 26.66，排广东省第 8 位。总体而言，江门市国民经济发展水平高于广东省平均水平，排名靠前。

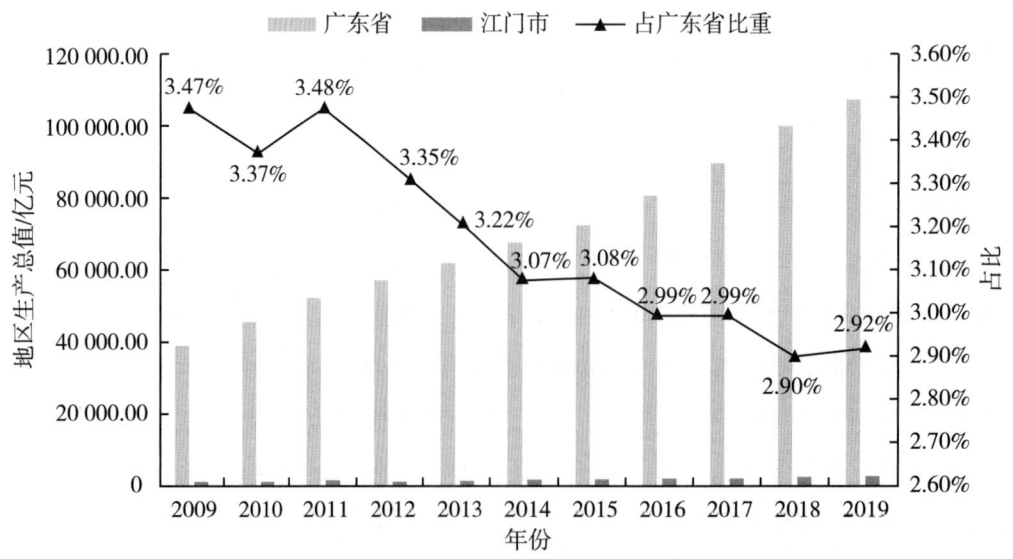

图 5-16　2009—2019 年江门市地区生产总值及占广东省比重

（资料来源：《广东统计年鉴 2020》）

（2）工业发展情况

2019年，江门市全年规模以上工业增加值比上年增长1.5%。分企业类型看，国有及国有控股企业增长25.6%，民营企业下滑4.8%，外商及港澳台投资企业增长7.2%，股份制企业下降3.2%，集体企业增长5.0%。分轻重工业看，轻工业下降2.7%，重工业增长5.7%。分企业规模看，大型企业增长3.2%，中型企业增长2.7%，小型企业下降0.4%，微型企业下降21.8%。

高技术产业增加值比上年增长17.3%，占规模以上工业增加值的比重为11%，比上年提高1.7个百分点。其中，医药制造业增长6.5%，电子及通信设备制造业增长19.6%，计算机及办公设备制造业下降4.6%，医疗仪器设备及仪器仪表制造业增长5.2%。先进制造业增加值比上年增长4.0%，占规模以上工业增加值的比重为39.6%。其中，先进装备制造业下降7.3%，高端电子信息制造业增长34.3%，石油化工产业下降15.2%。先进装备制造业中，智能制造装备下降17.7%，船舶与海洋工程装备下降5.3%，节能环保装备下降11.5%，轨道交通设备增长40.5%，新能源装备增长7.2%，汽车制造业下降15.1%，卫星及应用下降3.8%，重要基础件下降8.7%。

优势传统产业增加值比上年增长4.3%。其中，纺织服装下降24.1%，食品饮料增长32.8%，家具制造业下降26.1%，建筑材料业增长2.7%，金属制品业下降8.5%，家用电力器具制造业增长12.7%。六大高耗能行业增加值比上年增长2.6%，其中，石油、煤炭及其他燃料加工业增长10.1%，化学原料和化学制品制造业下降24.7%，非金属矿物制品业增长11%，黑色金属冶炼及压延加工业下降60.3%，有色金属冶炼及压延加工业下降6.2%，电力、热力生产和供应业增长20.8%。

规模以上工业企业资产负债率53.04%，流动资产周转率1.92次，成本费用利润率5.94%，产品销售率96.22%，全员劳动生产率23.07万元/人年。实现利润总额230.77亿元，同比下降0.5%。企业亏损额17.41亿元，比上年下降53.3%。企业亏损面17.16%，比上年上升1.2个百分点。全年规模以上工业企业每百元营业收入中的成本为82.98元，比上年下降0.09元。

（3）科技发展情况

1）科技发展统计

2019年末江门市发明专利拥有量4078件。全年专利申请量20 475件，其中发明专利3055件；专利授权量13 282件，其中发明专利647件。PCT国际专利申请量104件。

江门市全年地方财政科技支出15.30亿元，比上年增长16.2%。全市高新技术企业1584家，省级以上创新平台399个。2019年，江门市基础与应用基础研究基金项目数量为35项，其中，自然科学基金10项，省联合基金25项，资助资金共计350万元。江门市2019年技术合同登记590项，成交金额达9.46亿元，技术交易额为8.69亿元。

2019年年末江门市拥有各类专业技术人数20.72万人，增长3.0%，其中中级职称以上8.41万人，增长3.1%。2019年江门市新设省级新型研发机构1个，共计6个，新设省工程中心55个，共计398个（表5-17）。江门市高新区工业总产值1107.98亿元，高新区营业收入1113.41亿元，出口总额 347.58 亿元，净利润 64.17 亿元。高新区企业 1594 个，占广东全省 3.15%，从业人员达 23.53 万人，占广东全省 3.26%。

表 5-17　江门市科技创新发展情况

指标	广东省	江门市	占比
高新技术企业数 / 家	50 879	1584	3.11%
高企培育入库数 / 家	5264	227	4.31%
享受税收优惠高企数 / 家	20 420	960	4.70%
省级新型研发机构 / 个	251	6	2.39%
省级新型研发机构孵化企业数 / 家	6001	130	2.17%
省级新型研发机构成果转化和技术服务收入 / 亿元	359.91	0.45	0.13%
省级以上创新平台数 / 家	6585	399	6.06%
工业技术改造投资额 / 亿元	4019.2	275.08	6.84%
实施技术改造规上工业企业数 / 家	8894	460	5.17%
智能化技术改造示范企业数 / 家	404	5	1.24%
新增机器人应用数 / 台	22 226	1167	5.25%
科技企业孵化器 / 家	989	32	3.24%
孵化器面积 / 万平方米	1788.47	49.86	2.79%
孵化器在孵企业 / 家	31 791	1067	3.36%
孵化器当年毕业企业 / 家	2790	59	2.11%
众创空间数 / 家	986	41	4.16%

2）科技创新模式

加强重大科技基础设施建设。推进江门中微子实验站建设，加强实验站科普功能设置，推动国际科技交流合作，谋划打造中科院·中国（江门）国际科学小镇。推动五邑大学高水平理工科大学建设。发挥市校联席会议制度作用，深化产学研合作，开展科研、技术、人才等资源对接，促进五邑大学科技成果转化落地。推动五邑大学参与国家大科学工程建设。

积极参与粤港澳大湾区国际科技创新中心建设。发挥江门侨乡特色资源优势，积极对接广深港澳科技创新走廊，围绕重点产业推进产学研合作，支持建立院士工作站，引进院士团队及其科技成果到江门市转化。发挥中国（江门）"侨梦苑"华侨华人创新产业集聚区、粤港澳大湾区海外青年创业基地等平台作用，通过引智、引资、引技相结合，发挥侨乡优势，推进聚侨引智工作。

加快突破产业关键核心技术。瞄准江门支柱产业和新兴产业重大战略需求与未来产业发展趋势，支持江门企事业单位在新一代信息技术、高端装备制造、新材料等领域实施重大科技项目，对通过国家、省、市重大科技专项立项的，市财政给予资金扶持，重点突破一批产业关键核心技术。

5.13.2 江门市创新能力评价

2019年江门市创新能力全省排第8位，对比2018年排名无变化，创新能力保持稳定（表5-18）。分指标分析，投入排第8位，相对2018年无变化；产出排第8位，比2018年上升1位；产业升级排第10位，下降3位；产业创新环境排第15位，下降4位。整体而言，江门市创新能力水平相对较强，各项指标水平保持全省中列，具有较强的创新活力与创新潜力。

表5-18 江门市创新能力指标分析

指标名称	2018年综合指标		2019年综合指标	
	指标值	排名	指标值	排名
综合值	24.30	8	26.66	8
1 投入	34.08	8	38.69	8
1.1 全社会R&D经费支出与GDP之比	41.76	7	42.83	7
1.2 每万名就业人员中R&D人员数量	32.77	8	36.19	8
1.3 规模以上工业企业研发经费支出占主营业务收入比重	38.35	4	50.00	3
1.4 地方财政科技拨款占地方财政支出比重	23.42	8	25.75	7
2 产出	15.97	9	18.20	8
2.1 万人有效发明专利拥有量	7.20	8	7.45	8
2.2 PCT专利申请数占全省PCT专利申请量的比重	0.72	8	0.58	8
2.3 高技术制造业增加值占规模以上工业比重	13.04	12	14.31	12
2.4 新产品销售收入占主营业务收入比重	51.85	4	64.56	4
2.5 形成国家或行业标准数量	7.05	6	4.08	7
3 产业升级	38.26	7	34.06	10
3.1 第三产业增加值占GDP比重	13.65	15	24.23	10
3.2 先进制造业增加值	6.02	9	5.32	8
3.3 单位GDP能耗增长速度	89.64	6	72.62	13
4 产业创新环境	13.36	11	18.88	15

续表

指标名称	2018年综合指标		2019年综合指标	
	指标值	排名	指标值	排名
4.1 高校和科研院所研发支出来自企业的比例	43.75	4	49.39	8
4.2 全员劳动生产率	23.98	13	23.98	13
4.3 科研机构数	4.97	15	4.44	13
4.4 每千人拥有的企业数	14.13	8	16.19	8
4.5 获得风险投资金额	0.28	11	0.40	10

从具体指标看，在投入方面，江门市多项指标排名均保持稳定，其中，全社会R&D经费支出与GDP之比、每万名就业人员中R&D人员数量指标排名无变化，分别排全省第7位和第8位。规模以上工业企业研发经费支出占主营业务收入比重排名上升1位，排第3位。地方财政科技拨款占地方财政支出比重指标排名上升1位，排第7位。整体而言，江门市创新投入水平保持稳定，对区域创新持续发展起到稳定良好支撑作用。

在产出方面，江门市排全省第8位，除高技术制造业增加值占规模以上工业比重指标外，其他创新产出指标均位列全省前十，排名变动幅度很小。其中，万人有效发明专利拥有量、PCT专利申请数占全省PCT专利申请量的比重排名稳定在全省第8位。新产品销售收入占主营业务收入比重稳定在全省第4位。形成国家或行业标准数量指标排名小幅下降1位，排全省第7位。高技术制造业增加值占规模以上工业比重排名无变化，排全省第12位。整体而言，江门市创新产出水平非常稳定，持续性良好，排名相对靠前。未来应当关注高技术制造业的发展，鼓励高新技术企业加大创新产出。

在产业升级方面，江门市指标值下降，2019年排名下降至第10位，主要由于单位GDP能耗增长速度指标排名下降，从2018年的第6位下降至第13位。第三产业增加值占GDP比重上升5位，说明江门市第三产业对区域经济贡献上升。2019年，江门市先进制造业增加值排名上升1位，排全省第8位。未来，江门市应当大力提升单位GDP能耗增长速度，促进产业转型升级发展。

从产业创新环境方面分析，江门市创新环境排名大幅下降，排全省第15位，说明江门市区域创新环境仍有较大发展空间。高校和科研院所研发支出来自企业的比例指标排名下降，从2018年第4位下降至全省第8位。其他指标变动幅度较小，科研机构数指标排名上升2位，排全省第13位；每千人拥有的企业数指标值排名保持不变，排全省第8位；获得风险投资金额指标排名上升1位；全员劳动生产率保持不变，排全省第13位。江门市创新环境下降主要由于高校和科研院所研发支出来自企业的比例指标排名下降，未来，江门市政府应当关注产学研协同发展，鼓励各主体间融合创新，构建良好区域创新生态系统。

5.13.3 江门市主要政府部门的积极作为

江门市政府大力支持产学研协同创新，支持创建省级实验室和新型研发机构落户江门。一方面，按"一事一策"，在办公场地、团队引进等方面予以重点扶持。对在江门市注册的重点实验室、新型研发机构、技术创新中心、工程技术研究中心、院士工作站、科技特派员工作站给予资助。另一方面，试点实施事业单位性质的新型研发机构运营管理机制改革。对符合登记条件的实验室、科研机构、研究院等，经部门申请并经市级事业单位法人登记管理机关批准，可作为登记设立的事业单位，不纳入机构编制管理。

以大湾区科技成果转移转化示范为重点，加强科技成果转移转化。江门市落实国家、省促进科技成果转化有关政策，完善促进技术交易发展政策。同时，完善高校、科研机构成果评价机制，持续推行科技成果处置权管理制度改革，建立技术转移利益分配机制和促进技术交易激励机制。此外，建立综合性科技成果转化服务平台。加快珠西科技产业创新服务中心建设，利用"互联网+"等新技术形成网上技术交易综合性服务平台，服务科技成果的高效转化。

在财政方面，江门市政府支持企业开展研发融资。第一，设立支持企业研发融资资金，支持符合条件的企业开展研发融资，采用事后奖补的方式给予补助。第二，设立科技风险准备金池。对金融机构开展科技型中小企业贷款和知识产权质押投融资业务发生的损失，给予一定比例的风险补偿，持续开展科技企业贷款贴息，促进解决科技型中小企业融资难、融资贵问题。第三，支持私募股权和创业投资。第四，大力发展金融科技产业。吸引金融科技企业和人才落户，鼓励金融机构对云计算、大数据、区块链、人工智能等新技术在金融领域的应用予以支持，并在各类科技项目立项中予以支持。

5.14 阳江市

5.14.1 阳江市创新现状描述

（1）国民经济和社会发展概况

2019年，阳江市实现地区生产总值1292.18亿元，排广东省第16位，比2018年增长10.7%，增速分别高出全国（6.1%）4.6个百分点和广东省（6.2%）4.5个百分点。2009—2019年阳江市地区生产总值及占广东省比重如图5-17所示，阳江地区生产总值占广东省比重近年来保持在1%～2%。

2019年年末常住人口数257.09万人，人均生产总值50 262元，排广东省第11位，低于广东省平均水平（94 172元）43 910元。总体而言，阳江市发展在广东省内位于中下游水平，与珠三角地区差距仍然较大。

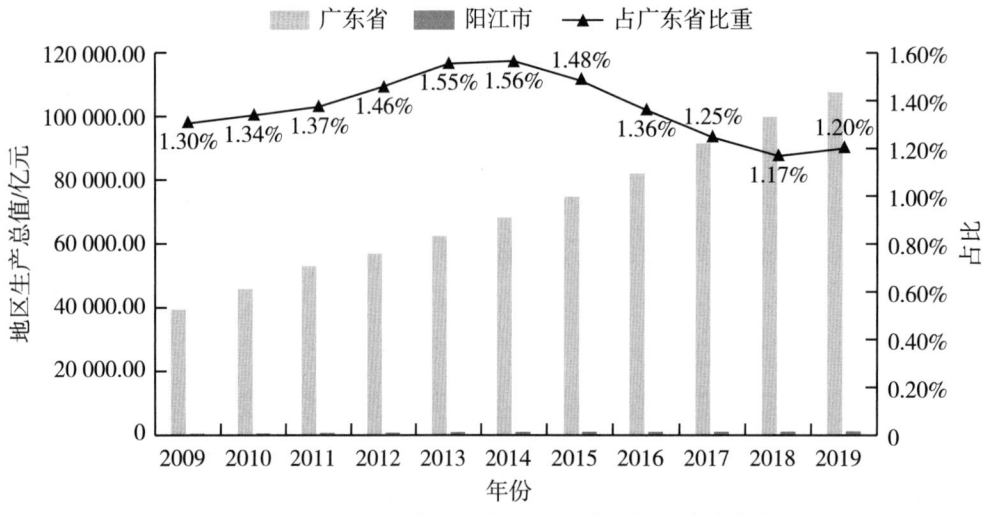

图 5-17 2009—2019 年阳江市地区生产总值及占广东省比重

（资料来源：《广东统计年鉴 2020》）

2019 年规模以上工业总产值 1237.44 亿元，同比增长 30.35%。规模以上工业增加值 298.09 亿元，增长 35.93%。其中，分企业类型看，国有企业下降 22.73%，外商及港澳台投资企业增长 42.99%；分轻重工业看，轻工业增长 41.15%%，重工业增长 34.88%；分企业规模看，大型企业增长 30.82%，中型企业下降 28.03%，小型企业增长 73.09%。全员劳动生产率 431 552 元/人年，产品销售率达 97.42%。

（2）科技发展情况

1）科技发展统计

阳江市 2019 年研发经费投入总额为 5.08 亿元，规模以上企业 334 家，规模以上企业研发经费内部支出额为 4.77 亿元，占全社会研发投入的 93.90%。规模以上企业主营业务收入 1222.77 亿元，规模以上工业企业新产品销售收入 52.99 亿元。

在其他创新指标方面，2019 年年末全市共有国家高新技术企业 30 家，市级工程技术研究中心增加 16 家。阳江市 2019 年申请专利量 4343 件，比上年增长 25.5%，其中发明专利申请量为 266 件，比上年下降 3.3%。2019 年设立新型研发机构 2 家。

2）创新模式

近几年，阳江市紧紧围绕打造千亿元级合金材料产业集群和世界级风电产业基地的产业布局，以及五金刀剪、纺织服装、旅游等传统优势产业，大力开展产业链招商引资，同时着力推动地区产业升级。除了传统的加工生产，电商品牌打造、互联网应用、人工智能化设备与运营系统研发等多个方面将被持续推进，将进一步深化拓展当地产业发展。

在构建特色产业体系中，阳江市基于资源禀赋，将沿海临港工业作为主攻方向，构建了具有阳江特色的现代产业体系。高端不锈钢、海上风电、先进装备制造、食品加工、五金刀剪、电力能源等产业集群得到了快速发展。同时，阳江市大力实施创新驱动发展战略，着力完善创新政策环境，推进省实验室建设，培育高新技术企业及加快建设科技创新平台，旨在改善阳江的创新现状，激发创新动力。

5.14.2 阳江市创新能力评价

2019年阳江市创新能力全省排第21位，与2018年排名相同，各指标排名如表5-19所示。分指标分析，投入排第16位，上升4位；产出排第21位，下降1位；产业升级排第21位，下降1位；产业创新环境排第17位，下降7位。

从具体指标看，在投入方面，地方财政科技拨款占地方财政支出比重变化较大，上升3位。在产出方面，该分项指标排名最后，其中万人有效发明专利拥有量、高技术制造业增加值占规模以上工业比重、新产品销售收入占主营业务收入比重排广东省末尾，有待提升。在产业升级方面，第三产业增加值占GDP比重排名下降8位，有待加强。在产业创新环境方面，全员劳动生产率、每千人拥有的企业数在广东省内排名较靠前。

表 5-19 阳江市创新能力指标分析

指标名称	2018年综合指标		2019年综合指标	
	指标值	排名	指标值	排名
综合值	9.32	21	6.45	21
1 投入	3.03	20	3.87	16
1.1 全社会R&D经费支出与GDP之比	0.93	18	2.78	18
1.2 每万名就业人员中R&D人员数量	1.14	19	0.48	18
1.3 规模以上工业企业研发经费支出占主营业务收入比重	5.20	19	4.33	18
1.4 地方财政科技拨款占地方财政支出比重	4.86	17	7.88	14
2 产出	3.26	20	0.05	21
2.1 万人有效发明专利拥有量	0.00	21	0.01	19
2.2 PCT专利申请数占全省PCT专利申请量的比重	0.08	16	0.06	14
2.3 高技术制造业增加值占规模以上工业比重	0.00	21	0.00	21
2.4 新产品销售收入占主营业务收入比重	15.66	15	0.00	21
2.5 形成国家或行业标准数量	0.56	19	0.18	20
3 产业升级	16.64	20	5.35	21
3.1 第三产业增加值占GDP比重	29.21	8	15.63	16
3.2 先进制造业增加值	0.00	20	0.43	19

续表

指标名称	2018年综合指标		2019年综合指标	
	指标值	排名	指标值	排名
3.3 单位GDP能耗增长速度	36.28	19	0.00	21
4 产业创新环境	17.04	10	17.59	17
4.1 高校和科研院所研发支出来自企业的比例	1.05	19	0.05	19
4.2 全员劳动生产率	74.52	3	74.52	3
4.3 科研机构数	0.00	21	0.00	21
4.4 每千人拥有的企业数	5.82	10	13.40	10
4.5 获得风险投资金额	0.02	17	0.00	17

5.14.3 阳江市主要企业或行业创新活动分析

（1）阳江十八子集团有限公司

阳江十八子集团有限公司（简称"阳江十八子"），创建于1983年，是从手工生产碳钢菜刀发展到现代化、机械化，生产上千种刀具产品，集科研炼钢、产、销、旅游配套服务一条龙全方位经营的综合大型品牌企业，产品畅销全国各地及日本、美国、加拿大、韩国、东南亚等30多个国家和地区。阳江十八子正顺应全球化、市场化需求不断改革，充分利用社会资源优势，提升自己的品牌，争创中国驰名商标，打造国际知名品牌，与时俱进，不断发展壮大。

阳江十八子通过工贸合作、经济互补的经营方式，使企业得到了飞速发展，受到有关部门的肯定和社会的认可，被中国日用五金技术开发中心批准为"中国菜刀中心"，被文化和旅游部评为"全国工业旅游示范点"，被广东省经济贸易委员会、广东省科技厅联合授予"广东省五金刀具工程技术研究开发中心"，被中国五金制品协会授予"中国刀剪十大知名品牌"，获得"广东省高新技术企业""广东省名牌产品""广东省著名商标""重点发展工业企业"等200多项荣誉称号和奖项。

（2）阳江市宝马利汽车空调设备有限公司

广东省阳江市宝马利汽车空调设备有限公司成立于1998年，是一家集开发设计、生产制造与销售汽车空调和汽车铝质散热器于一体的民营企业，是广东省高新技术企业、"广东省汽车空调工程技术研究开发中心"依托单位。公司拥有5条现代化的专业生产流水线，具有国际先进水平的专用设备40多台，已形成年产各类优质汽车空调冷凝器100万台、蒸发器600万台、空调管总成20万套、全铝质散热器60万台的生产能力。

公司生产销售的产品有管带式冷凝器、平行流冷凝器、管带式蒸发器、层叠式蒸发器、空调管、汽车全铝带式散热器及油冷器等，现已拥有8项国家专利，多项产品获省、市科技进步奖和省优秀新产品奖。公司质量管理体系已获 ISO 9001:2000 国际标准认证证书。产品经国家权威机构检测，质量达到国内同类产品先进水平。同时公司有完善的销售网络，销售网点遍布全国和世界各主要地区，80% 的产品与国内外整车空调系统配套并出口 30 多个国家。

5.14.4 阳江市主要政府部门的积极作为

阳江市政府出台《关于加强科技创新驱动发展的实施意见》《阳江市进一步促进科技创新的实施意见》，旨在积极实施创新驱动发展战略，不断提升自主创新能力，充分发挥科技创新对经济社会发展的支撑引领作用。鼓励、支持企业与港澳高校、科研机构开展产学研合作。严格落实人才政策，强化企业家在科技创新中的重要作用。对标国家和省实验室，在重点领域加快建设市实验室。同时大力支持科技成果交易和转化工作，推动科技成果实现产业化，助力经济高质量发展。

5.14.5 小结

总体而言，阳江市经济运行整体稳健、持续上扬。相关产业的转型升级被有序推进，优先承接发展高新技术产业、先进制造业及新能源产业等。但同时阳江市存在大部分粤东西北城市都存在的问题：经济总量不大，主导产业不突出，高新技术企业优势不明显，创新能力较低，人才缺乏等。阳江市作为沿海城市且为粤西通往珠三角的必经之地，在未来发展中，应进一步深化已有优势产业，吸引人才落户，鼓励企业开展创新活动等来促进地区创新能力的发展。

5.15 湛江市

5.15.1 湛江市创新现状描述

（1）国民经济和社会发展概况

2019 年，湛江市实现地区生产总值 3064.72 亿元，排广东省第 10 位，较 2018 年增长 4.1%，增速低于全国（6.1%）2.0 个百分点，低于广东省（6.2%）2.1 个百分点。2009—2019 年湛江市地区生产总值及占广东省比重如图 5-18 所示，近年来湛江市地区生产总值占广东省比重一直为 2.9% 左右。

2019 年常住人口数 746 万人，人均生产总值 41 082 元，排广东省第 15 位，低于全省平均水平（94 172 元）53 090 元。2019 年就业人数 391.78 万人，排广东省第 5 位。位于粤东西北地区的湛江市经济发展处于广东省下游水平，较珠三角发达地区及粤东西北其他地市而言仍有较大的发展空间。

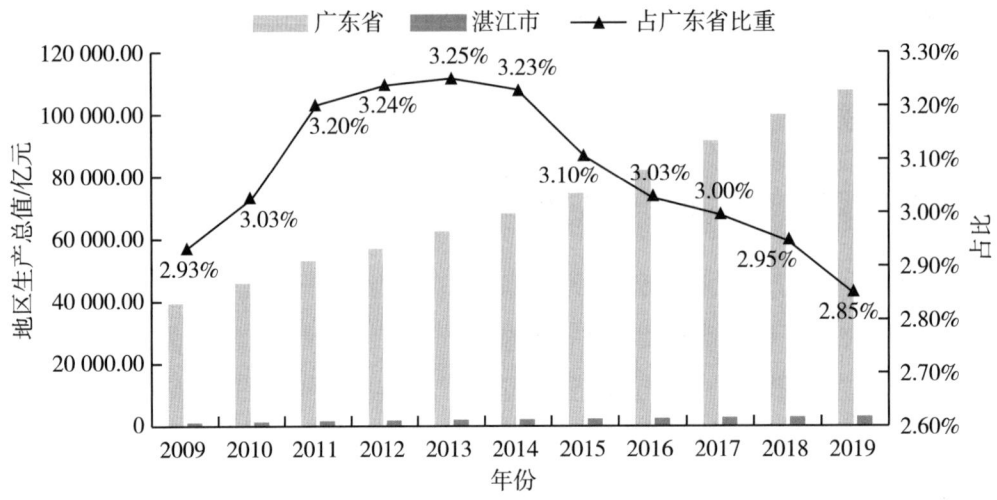

图 5-18 2009—2019 年湛江市地区生产总值及占广东省比重

（资料来源：《广东统计年鉴 2020》）

2019 年湛江市规模以上工业企业实现增加值 502.47 亿元，比上年下降 29.03%。年产值超 100 亿元的行业主要是传统产业，有石油加工、炼焦和核燃料加工业，化学原料和化学制品制造业，农副食品加工业，电力、热力生产和供应业，2019 年实现产值 1575.95 亿元，占全市规模以上工业总产值的 79.2%。全员劳动生产率达 539 238 元/人年，产品销售率达 98.29%。

（2）科技发展情况

1）科技发展统计

湛江市 2019 年研发经费投入总额为 13.56 亿元，规模以上企业 870 家，规模以上企业研发经费内部支出额为 9.12 亿元，占全社会研发投入的 67.26%。规模以上企业主营业务收入 2297.97 亿元，规模以上工业企业新产品销售收入 284.79 亿元。

在其他创新相关指标方面，湛江市 2019 年申请专利量 5161 件，比上年增长 25.1%，其中发明专利 918 件，下降 7.9%。2019 年共签订技术合同 164 项，技术合同成交金额 0.97 亿元。2019 年，湛江市申报高新技术企业 146 家，成功通过网评 91 家，网评通过率 62.3%。

2）创新模式

近年来，湛江市大力打造钢铁产业集群、石化产业集群、造纸和优势传统产业集群及海洋产业集群等，同时大力发展海洋装备、海上油气田开发、深海养殖等新兴海洋产业，积极推进包含家电制造产业、农海产品加工产业、家具制造产业等传统产业转型升级。

依托丰富的海洋资源，湛江市临港工业已从传统的劳动密集型工业逐步升级为资金和技术密集型工业，初步形成了以钢铁、石化、造纸为重点的现代临港工业体系。其中政府出台的《湛江市蓝色海洋综合开发计划（2017—2020 年）》起到了关键推动作用，目前湛江全市海洋战略性新兴产业总量大幅提高，形成了一批新示范工程。

2019年发布的《湛江市产业园区发展规划（2019—2022年）》提出了促进产业集聚、创新发展动力、坚持对外开放、落实绿色发展、强化要素保障五大发展重点。通过充分调动资源优势，有望使得湛江市产业园区整体经济实力跃升，产业结构不断得到优化，区域协调性增加。

5.15.2 湛江市创新能力评价

2019年湛江市创新生态全省排第16位，对比2018年排名下降4位，出现较大下滑，各指标排名如表5-20所示。分指标分析，投入排第18位，上升3位；产出排第18位，上升1位；产业升级排第17位，下降5位；产业创新环境排第5位，提升2位。

表5-20 湛江市创新能力指标分析

指标名称	2018年综合指标		2019年综合指标	
	指标值	排名	指标值	排名
综合值	14.22	12	15.49	16
1 投入	2.21	21	2.49	18
1.1 全社会R&D经费支出与GDP之比	2.78	16	3.85	17
1.2 每万名就业人员中R&D人员数量	1.74	17	0.45	19
1.3 规模以上工业企业研发经费支出占主营业务收入比重	4.33	20	4.61	17
1.4 地方财政科技拨款占地方财政支出比重	0.00	21	1.06	18
2 产出	5.21	19	4.88	18
2.1 万人有效发明专利拥有量	0.53	14	0.58	14
2.2 PCT专利申请数占全省PCT专利申请量的比重	0.03	18	0.03	16
2.3 高技术制造业增加值占规模以上工业比重	0.75	20	1.65	20
2.4 新产品销售收入占主营业务收入比重	22.76	13	21.27	16
2.5 形成国家或行业标准数量	1.97	14	0.86	15
3 产业升级	32.32	12	27.61	17
3.1 第三产业增加值占GDP比重	19.05	12	16.03	15
3.2 先进制造业增加值	3.94	10	2.94	11
3.3 单位GDP能耗增长速度	84.18	11	63.86	14
4 产业创新环境	22.56	7	31.53	5
4.1 高校和科研院所研发支出来自企业的比例	22.11	13	45.52	15
4.2 全员劳动生产率	100.00	1	100.0	1
4.3 科研机构数	8.70	7	6.11	15
4.4 每千人拥有的企业数	4.10	13	5.91	16
4.5 获得风险投资金额	0.01	18	0.11	15

从具体指标看,在投入方面,湛江市规模以上工业企业研发经费支出占主营业务收入比重及地方财政科技拨款占地方财政支出比重排名均上升3位。在产出方面,新产品销售收入占主营业务收入比重排名下降3位,PCT专利申请数占全省PCT专利申请量的比重排名上升2位,其他指标较为稳定。在产业升级方面,单位GDP能耗增长速度及第三产业增加值占GDP比重排名均下降3位。在产业创新环境方面,全员劳动生产率连续两年排广东省第1位,科研机构数排名变化较大,下降8位,指标之间排名的差异体现了在创新环境方面湛江市发展不均衡。

5.15.3 湛江市主要企业或行业创新活动分析

(1)湛江晨鸣浆纸有限公司

湛江晨鸣浆纸有限公司(简称"湛江晨鸣")是晨鸣集团的控股子公司,始建于2006年,总资产265亿元,占地面积3200亩,浆纸年产能380多万吨,是国务院批准的大型国家重点工程,是国家推进林浆纸一体化的重点建设项目,是当前全球装备最先进、产品最具竞争力的现代化大型企业。2010年列入广东省现代产业500强项目,2015年通过科技部认证,批准为国家高新技术企业。湛江晨鸣拥有先进的高档文化纸生产线、高档静电纸生产线,以及生物质气化、中水回用和MVR(机械蒸汽再压缩)等国际领先的环保项目,现已成为世界一流、装备先进的林浆纸一体化生产基地。

湛江晨鸣制浆系统采用冷喷放、中浓封闭热筛选、两段氧脱木素和四段漂白等国际上最先进的工艺技术,产生的废弃物全部用作燃料发电供热;产生的废水经处理后,大部分重新回用,其余小部分达标排放,COD(化学需氧量)小于60 mg/L。其主体设备从奥地利安德里兹公司引进。造纸机设计车速2000 m/min,纸页宽度达到10.56 m,是目前全球单机产量最高、装备最先进的文化纸机。

(2)湛江国联水产开发股份有限公司

湛江国联水产开发股份有限公司(简称"国联水产",股票代码300094)始建于2001年,现已成为集种苗、养殖、饲料、加工、销售、科研开发于一体的大型水产集团企业。

国联水产建立专门的水产品研发队伍,凭借强劲的研发实力,不断地进行自主研发和创新,是目前国内水产品生产系列最丰富的厂家之一,并在业内率先通过HACCP、ISO 9001、BRC、EU国际体系认证。2003年1月,被广东省检验检疫局定为首批大通关试点企业,在生产全过程中实现电子化监管模式。该模式荣获广东省企业管理现代化优秀成果奖,成为中国出口企业推行电子监控管理模式的先锋典范。公司坚持国际和国内并举的营销策略,以市场为导向,依托生态环境良好的水产品自有养殖基地,开发出凤尾虾、虾圈、面包虾、罗非鱼片等十多种优质产品,产品遍及美国、加拿大、日本、韩国、欧盟等数十个国家和地区。

公司通过构筑种苗、饲料、养殖、加工及销售纵向一体化产业链,采取规模化经营策略,凭借领先的食品安全管理能力、高效的供应效率及业内领先的产品研发与技术创新优势,成为全球知名的水产品供应商。2019年8月29日，广东省企业联合会、广东省企业家协会联合公布2019广东企业500强榜单，国联水产排第263位。2019年12月16日，入选"农业产业化国家重点龙头企业名单"。2020年1月7日，入选2019年全国农产品加工业100强企业名单，排第91位。

5.15.4 湛江市主要政府部门的积极作为

湛江市政府出台了《湛江市产业园区发展规划（2019—2022年）》，旨在以产业园区为载体，构建以临港钢铁、临港石化、森工造纸为主导，以装备制造、生物医药、渔业及食品加工、新能源、家电家具、现代物流、滨海旅游、科技信息、商贸服务九大产业支撑为特色的湛江"3+9"现代化产业体系。同时积极扩大发展空间，调整发展结构及优化发展业态。在创新发展方面，政府积极推动产业协同创新发展。国家高新区海东园区、湛江湾实验室动工建设，中国海装风电等科研、产业项目落户，湛江高质量发展在改革创新中实现了新突破。

5.15.5 小结

湛江市是北部湾城市群当中的"一核两极"的中心城市，在北部湾城市群发展当中起到辐射、引领和带动作用。湛江市近年来努力推进交通基础设施的升级换代，为提升湛江竞争力打下了良好的基础。同时，湛江的港口是整个广东海岸线当中最好的港口，在粤港澳大湾区格局中将起到关键作用。但湛江仍存在产业结构严重失衡、劳动力素质偏低、生活水平不足等问题，在接下来的发展中，湛江市应充分发挥港口优势，通过粤港澳大湾区积极参与到国内及国外的合作中；同时应充分利用自身的资源优势，全面推动创新发展。

5.16 茂名市

5.16.1 茂名市创新现状描述

（1）国民经济综合发展概况

2019年，茂名市实现地区生产总值3252.34亿元，排广东省第7位，比上年增长5.1%，增速分别低于全国（6.1%）1.0个百分点和广东省（6.2%）1.1个百分点。2009—2019年茂名市地区生产总值及占广东省比重如图5-19所示，茂名市地区生产总值占广东省比重近年来保持在3%左右。

2019年年末常住人口数641.15万人，人均生产总值50 727元，排广东省第10位，低于广东省平均水平（94 172元）43 445元。2019年，茂名市就业人口323.63万人，排广东省第6位；第三产业增加值1545.86亿元，排广东省第7位；区域创新综合值为15.65，排广东省第14位。总体而言，茂名市总量指标在广东省排名中等，粤东西北地区排名靠前，但相较广东省珠三角经济发达地区差距依旧很大，且人均指标排名较靠后。

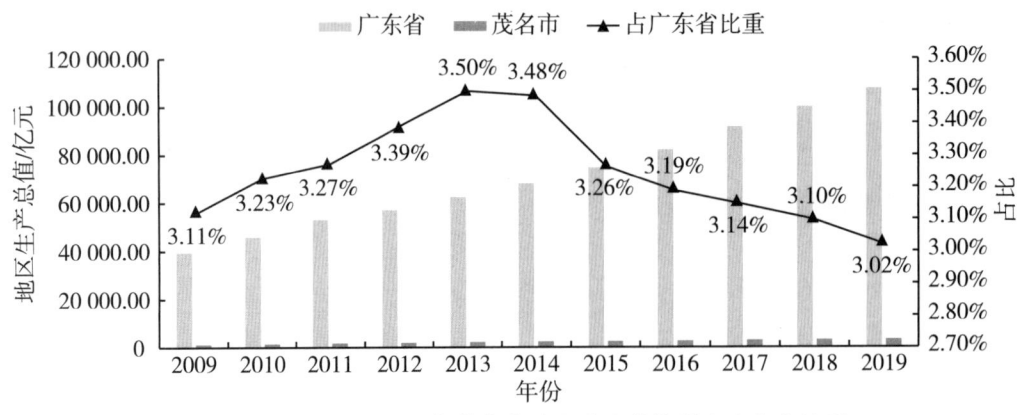

图 5-19　2009—2019 年茂名市地区生产总值及占广东省比重

（资料来源：《广东统计年鉴 2020》）

2019 年茂名市规模以上工业增加值为 502.47 亿元，下降 29%，其中规模以上工业完成总产值 1988.87 亿元，下降 6.7%。按行业分，石油加工、炼焦和核燃料加工业、化学原料和化学制品制造业增长较快，分别增长 283.2 亿元和 40.4 亿元。全员劳动生产率达 534 243 元/人年，产品销售率达 99.45%。

（2）科技发展情况

1）科技发展统计

茂名市 2019 年研发经费投入总额为 14.60 亿元，规模以上企业 810 家，规模以上企业研发经费内部支出额为 11.94 亿元，占全社会研发投入的 81.78%。规模以上企业主营业务收入 2050.69 亿元，规模以上工业企业新产品销售收入 111.25 亿元。

在其他创新相关指标方面，茂名市 2019 年获准立项省级以上科技项目 128 项，获省科技奖数量连续三年排全省前 6；全市专利申请量 3852 件，增长 17.19%，其中发明专利申请 882 件，下降 2.7%；全市有高新技术企业 60 家。

2）创新模式

近年来，在《茂名市壮大培育工业主导产业五年行动计划（2016—2020 年）》的指导下，茂名市农副产品加工、矿产资源加工、特色轻工纺织、医药与健康、金属加工及先进装备制造业等均保持较快增长势头，全市特色产业集聚效应凸显。茂名市按照"政府引导、市场主导"的原则，大胆创新，整体打包开发产业园区，同时提供"一条龙"服务，帮助企业办理落户过程中各类繁杂手续，解决企业生产运营过程中遇到的人才、资金、物流等实际问题，使入园企业在短时间内顺利投产运营。

茂名市立足资源优势，依托"大炼油""大乙烯"龙头效应，不断做强石化产业链，已形成了石化产业全链条的产业格局。目前，茂名石化投资 33 亿元的产品结构优化项目即将建成，10 万吨/年高端碳材料项目动工建设，10 万吨/年生物柴油项目建成投产。

5.16.2 茂名市创新能力评价

2019年茂名市创新能力全省排第14位，对比2018年排名下降3位，各指标排名如表5-21所示。分指标分析，投入排第15位，上升3位；产出排第20位，上升1位；产业升级排第9位，下降6位；产业创新环境排第8位，排名无变化。

表5-21 茂名市创新能力指标分析

指标名称	2018年综合指标		2019年综合指标	
	指标值	排名	指标值	排名
综合值	16.35	11	15.65	14
1　投入	3.99	18	4.85	15
1.1　全社会R&D经费支出与GDP之比	2.55	17	4.07	16
1.2　每万名就业人员中R&D人员数量	2.49	16	3.09	15
1.3　规模以上工业企业研发经费支出占主营业务收入比重	9.44	16	11.72	14
1.4　地方财政科技拨款占地方财政支出比重	1.46	19	0.53	20
2　产出	0.36	21	1.29	20
2.1　万人有效发明专利拥有量	0.06	19	0.00	20
2.2　PCT专利申请数占全省PCT专利申请量的比重	0.05	17	0.08	12
2.3　高技术制造业增加值占规模以上工业比重	1.05	19	3.23	19
2.4　新产品销售收入占主营业务收入比重	0.00	21	2.88	20
2.5　形成国家或行业标准数量	0.63	18	0.24	19
3　产业升级	48.59	3	37.56	9
3.1　第三产业增加值占GDP比重	18.10	13	19.54	14
3.2　先进制造业增加值	7.54	7	5.27	9
3.3　单位GDP能耗增长速度	68.71	15	87.88	5
4　产业创新环境	22.11	8	26.17	8
4.1　高校和科研院所研发支出来自企业的比例	100.00	1	17.61	16
4.2　全员劳动生产率	98.82	2	98.82	2
4.3　科研机构数	6.83	11	3.89	16
4.4　每千人拥有的企业数	3.47	16	10.54	11
4.5　获得风险投资金额	0.00	19	0.00	16

从具体指标看，在投入方面，茂名市规模以上工业企业研发经费支出占主营业务收入比重排名上升2位。在产出方面，PCT专利申请数占全省PCT专利申请量的比重在省内排名较其他指标靠前，其他指标均靠后。在产业升级方面，单位GDP能耗增长速度指标上升10位，带动了产业升级指标排名的上升。在产业创新环境方面，排名较其他分项指标靠前，但仍出现了下降趋势，其中高校和科研院所研发支出来自企业的比例变化较大，下降15位。

5.16.3 茂名市主要企业或行业创新活动分析

（1）广东新华粤石化集团股份有限公司

广东新华粤石化集团股份有限公司（简称"新华粤石化"），原为茂名市政府与茂名石化公司合作成立的集体所有制单位，成立于1980年。新华粤石化连接茂名石化的产业链，提高石化资源的附加值，以石油产品深加工和乙烯产品后加工为主业，着力培育特种蜡、石油树脂和白油等三大核心业务板块，兼营建筑安装、防腐清洗、园林绿化、劳保用品加工、包装物制作和国际贸易等生产经营项目，是一家多元化的大型集团企业。

新华粤石化拥有专业的研产销技术团队，其中享受国务院特殊津贴专家1名、广东省创业领军人才2名，多名行业专家及博士作为项目带头人。成立了三大自主研发中心，专攻新技术、新产品的研发、生产、销售。目前，8项自主研发技术成果转化实现工业化。积极开展与高校的产学研合作，裂解汽油苯乙烯装置技术被鉴定为国际领先水平，荣获广东省科学技术奖一等奖、中国专利奖优秀奖。新华粤石化共有6个省级研发中心、64项国家专利、25家分公司，资产总额14亿元，年营业收入近40亿元。

（2）广东奥克化学有限公司

广东奥克化学有限公司（简称"广东奥克"，股票代码为创业板300082），是奥克股份的全资子公司，成立于2009年6月26日，注册资本12 000万元，位于广东茂名高新技术产业开发区奥克大道。拥有奥克自主研发乙氧基化生产线4条，年产10万吨环氧乙烷衍生精细化工新材料。广东奥克依托茂名市石化环氧乙烷的资源优势，主要生产烯丙基聚氧乙烯醚系列、聚乙二醇系列、脂肪醇聚氧乙烯醚系列、甘油醚系列化工产品，主要从事高性能混凝土减水剂用聚醚单体、太阳能光伏电池用晶硅切割液及日化助剂等环氧乙烷衍生精细化工新材料的研发、生产和销售。

广东奥克始终坚持"共同创造、共同分享"的奥克企业哲学，始终坚持"立足环氧乙烷创造价值"的发展战略，始终坚持"文化聚人、战略制胜、自主创新、科学管理、和谐发展"的管理方针，始终坚持走"以企业为主体、以市场为导向，产学研相结合"的自主创新的发展道路，始终坚持"大趋势、大市场、少竞争"的市场开发与经营的原则。广东奥克的建成与投产，对于进一步充分利用茂名石化环氧乙烷资源，进一步促进茂名石化产业结构的调整和精细化工产业的发展，进一步提升广东奥克在国内环氧乙烷精深加工行业的竞争优势，进一步巩固奥克环氧乙烷衍生精细化学品的行业领先地位均具有十分重要的意义。

5.16.4 茂名市主要政府部门的积极作为

茂名市政府近年来不断促进产业转型，培育新兴产业，工业发展质量不断提高；同时大力投资交通建设、港口建设及水利电气建设等。岭南现代农业科学与技术广东实验室茂名分中心获批建设，茂名本正化橘红研究院获批为广东省新型研发机构。政府大力支持区域创新体系建设，设立华南理工大学—广东石油化工学院（茂名）联合技术创新中心。坚持实施小微企业普惠性税收减免政策，落实下调社保费率等优惠政策，建立中小微企业贷款风险补偿基金、转贷资金等，有效地激发了企业创新动力。

5.16.5 小结

茂名市经济社会发展稳步向前，在基础设施、城市扩容提质及产业转型等方面取得了较为显著的成果。但虽然其创新投入较多，创新产出仍处于广东省下游水平。石油化工、农副产品加工、矿产资源加工及金属加工等产业仍为地区主导产业，缺乏高新技术企业带动地区经济发展及创新能力的提升。在今后的发展中，茂名市可在传统行业的基础上扩大产业范围，积极引进人才，并鼓励当地企业从事创新活动。在"数字新基建"浪潮中，可积极抓住数字化机遇，引导新型企业的建立及现有企业的升级转型。

5.17 肇庆市

5.17.1 肇庆市创新现状描述

（1）国民经济和社会发展概况

2019年肇庆市实现地区生产总值2248.80亿元，排广东省第12位，比上年增长2.1%，增速分别低于全国（6.1%）4.0个百分点和广东省（6.2%）4.1个百分点。2009—2019年肇庆市地区生产总值及占广东省比重如图5-20所示，肇庆市地区生产总值占广东省的比值近年来保持在2%~3%。

2019年年末人口数418.71万人，人均生产总值53 708元，排广东省第9位，低于广东省平均水平（94 172元）40 464元。肇庆市发展处于粤东西北地区上游，但较珠三角经济发达地区仍存在差距。

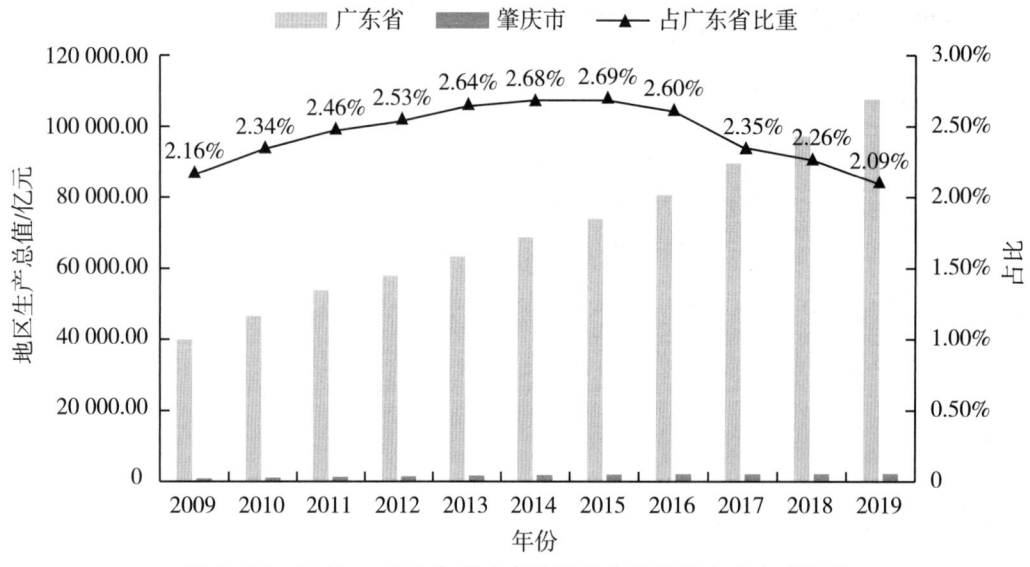

图 5-20　2009—2019 年肇庆市地区生产总值及占广东省比重

（资料来源：《广东统计年鉴 2020》）

2019 年全市实现规模以上工业增加值 668.90 亿元，同比增长 7.86%。先进制造业增加值同比增长 5.58%，先进制造业对全市工业增长的贡献率达 85.26%，在先进制造业中，增长较快的新兴支柱行业是医药制造业和仪器仪表制造业，同比分别增长 74.56% 和 35.46%，新兴支柱行业对全市先进制造业增长支撑作用进一步增强。

（2）科技发展情况

1）科技发展统计

肇庆市 2019 年研发经费投入总额为 24.87 亿元，研发活动人员数量 11 611 人，规模以上企业研发经费内部支出额为 23.35 亿元，占全社会研发投入的 93.89%。规模以上工业企业新产品销售收入 39.36 亿元，新产品销售收入占主营业务收入比重 23.06%。截至 2019 年年末，肇庆市每千人拥有企业数 7.23 家，先进制造业增加值 570.30 亿元。

在其他创新相关指标方面，2019 年年末肇庆市共有县及县级以上国有研究与开发机构 14 个。全市拥有高新技术企业 538 家，国家工程中心 1 家，省工程中心 150 家，新型研发机构 5 家，重点实验室 6 家。科技企业孵化载体中孵化器有 36 个，众创空间有 19 家。2019 年专利申请量 7031 件，其中发明专利申请量 1653 件，同比下降 23%；发明专利授权量 309 件，同比增长 5%。《专利合作条约》（PCT）国际专利申请量 36 件，同比下降 5%。2019 年经各级科技行政部门登记技术合同 93 项，技术合同成交额 144 000 万元。

2）创新模式

肇庆市探索多种模式的创新联合体，孵化引进并举，招揽人才，成立民办非企业组织，以确保研发经费持续投入。肇庆市高新区大力推进交通路况、给排水、燃气等市政设施建设，并完善学校、医院的引入工作，全力营造创新创业人才长期发展的吸引力，坚持产城融合的发展战略，并且采用园中园的发展模式，已引进涵盖新能源、节能环保、先进装备制造、生物医药、金属材料等多个领域的300多家企业。

此外，肇庆市大力构建全域旅游发展格局，积极培育旅游新业态，大力发展体育旅游、修学养生度假游、文化旅游、工农业观光旅游、生态游和自驾游等新业态，并深入开展文明景区、平安景区创建活动，大力推进景区评A创建工作，引导社会各类产业向旅游业渗入，强化旅游产业与各行各业的跨界融合和跨业融合，开展"旅游+"战略，积极创新"旅游+农业""旅游+文化""旅游+音乐""旅游+商品""旅游+健康""旅游+体育"等新模式。

5.17.2 肇庆市创新能力评价

2019年肇庆市创新能力全省排第11位，对比2018年排名下降2位，各指标排名如表5-22所示。分指标分析，投入排第10位，保持不变；产出排第14位，下降2位；产业升级排第15位，下降10位；产业创新环境排第9位，上升3位。

表 5-22 肇庆市创新能力指标分析

指标名称	2018年综合指标		2019年综合指标	
	指标值	排名	指标值	排名
综合值	17.74	9	18.33	11
1 投入	15.79	10	16.10	10
1.1 全社会R&D经费支出与GDP之比	18.33	10	18.20	10
1.2 每万名就业人员中R&D人员数量	13.58	10	11.74	11
1.3 规模以上工业企业研发经费支出占主营业务收入比重	18.37	10	19.13	11
1.4 地方财政科技拨款占地方财政支出比重	12.88	11	15.31	9
2 产出	8.97	12	8.24	14
2.1 万人有效发明专利拥有量	2.33	10	2.72	10
2.2 PCT专利申请数占全省PCT专利申请量的比重	0.19	12	0.19	10
2.3 高技术制造业增加值占规模以上工业比重	11.69	13	14.13	13
2.4 新产品销售收入占主营业务收入比重	28.19	12	23.06	14
2.5 形成国家或行业标准数量	2.47	13	1.10	14
3 产业升级	40.66	5	28.99	15
3.1 第三产业增加值占GDP比重	27.94	11	0.00	21

续表

指标名称	2018年综合指标		2019年综合指标	
	指标值	排名	指标值	排名
3.2　先进制造业增加值	2.37	13	2.78	12
3.3　单位GDP能耗增长速度	99.83	2	84.18	8
4　产业创新环境	11.87	12	24.15	9
4.1　高校和科研院所研发支出来自企业的比例	32.52	8	72.00	3
4.2　全员劳动生产率	35.15	10	35.15	10
4.3　科研机构数	5.59	12	6.11	10
4.4　每千人拥有的企业数	5.69	11	7.23	14
4.5　获得风险投资金额	0.04	16	0.27	11

从具体指标看，在投入方面，肇庆市规模以上工业企业研发经费支出占主营业务收入比重和每万名就业人员中R&D人员数量指标排名略有下滑，地方财政科技拨款占地方财政支出比重指标排名上升2位，其他指标排名保持不变。在产出方面，PCT专利申请数占全省PCT专利申请量的比重指标排名上升2位，新产品销售收入占主营业务收入比重指标排名下降2位。在产业升级方面，先进制造业增加值指标排名上升1位，取得较好进展。在产业创新环境方面，高校和科研院所研发支出来自企业的比例指标较其他指标排名靠前，排第3位。

5.17.3　肇庆市主要企业或行业创新活动分析

（1）广东风华高新科技股份有限公司

广东风华高新科技股份有限公司（简称"风华高科"）于1996年在深圳证券交易所挂牌上市（证券简称风华高科，股票代码000636），是一家专业从事新型元器件、电子材料、电子专用设备等电子信息基础产品业务的高科技上市公司。风华高科自1985年进入电子元器件行业以来，实现了跨越式的发展，现已成为国内最大的新型元器件及电子信息基础产品科研、生产和出口基地，以及拥有自主知识产权及核心技术的国际知名新型电子元器件行业大公司。

风华高科具有完整与成熟的产品链，具备为通信类、消费类、计算机类、汽车电子等电子整机整合配套供货的大规模生产能力。风华高科致力于成为国际一流的电子信息基础产品整合配套供应商，为客户提供一次购齐的信息基础产品超级市场服务和协同设计增值服务。

在创新方面，风华高科组建的广东风华电子研究院被广东省科技厅认定为省新型研发机构；新型电子元器件关键材料与工艺国家重点实验室是肇庆市首个企业国家重点实验室。风华高科拥有三级R&D体系开展研发活动，分别是前瞻技术R&D体系、应用技术R&D体系和制造工艺

R&D 体系。风华高科拥有的元器件核心技术包括先进集成封测技术、厚膜工艺技术、薄膜工艺技术、纳米材料技术、光机电一体化装备技术、元器件应用及可靠性测试技术。

在人才组建方面，风华高科在全国 36 家企业扩大开展博士后工作试点。博士后科研项目涉及电子材料学、自动控制、精细化工、机械设计、计算机及经济管理等领域。

（2）广东粤生科融科技发展有限公司

广东粤生科融科技发展有限公司（简称"粤生科融"）是一家具有业内丰富经验的科技园区运营服务提供商，由广东省生产力促进中心直属广东拓思软件科学园有限公司、广东广招招标采购有限公司、广州市昂丰科技有限公司等联合发起设立，旨在以市场化方式更有效地服务广东科技金融业务发展。

粤生科融致力于服务广东创新驱动发展和产业转型升级，面向省内高新区、专业镇、科技企业孵化器、科技型企业、投融资机构，提供创新、科技成果转移转化、投融资、产业规划、企业咨询、项目开发等方面的综合性科技金融服务，促进广东科技金融事业发展。

粤生科融打造的双创平台通过系统化的云模块打破空间壁垒，加强区域服务能力，实现网上网下企业服务资源高效配置，从而促进创业创新，切实构建一个常态化的企业创新生态圈。

5.17.4 肇庆市主要政府部门的积极作为

肇庆市各级政府高度重视创新发展，明确创新驱动发展，出台了《中共肇庆市委 肇庆市人民政府关于明确创新驱动主攻方向 加快主导产业发展的实施意见》《肇庆市科学技术发展"十三五"规划（2016—2020 年）》等一系列发展规划，努力将肇庆市建设成为珠三角连接大西南枢纽门户城市。政府大力实施"西江人才计划"，为地区发展提供人才储备。政府在推进科技体制改革、提高科技创新水平等方面都取得了进展，充分发挥其在创新发展中的引导作用。

5.17.5 小结

肇庆市科技创新趋势良好，并持续有力地驱动着经济增长。然而，要进一步推动科技创新发展，实现创新驱动，必须解决现阶段科技创新工作面临的困难。以肇庆高新区为例，该区目前发展科技创新所取得的成绩，与新常态下对科技支撑引领产业转型升级的要求相比，仍存在一定差距：一是技术创新体系不够完善，创新载体建设有待进一步加强；二是科研力量不强，企业研发中心数量少、规模小，科研成果转化和产业化亟待进一步加强；三是科技投入特别是作为创新主体的企业研发投入仍不足。

5.18 清远市

5.18.1 清远市创新现状描述

（1）国民经济和社会发展概况

2019年清远市实现地区生产总值1698.22亿元，排广东省第14位，比2018年增长8.5%，增速高于全国（6.1%）2.4个百分点，高于广东省（6.2%）2.3个百分点。近年来清远市地区生产总值占广东省比重有逐年下降的趋势，低于2%，如图5-21所示。

2019年年末常住人口数388.58万人，人均生产总值43 703元，排广东省第13位，不到广东省平均水平的一半，低于全省平均水平（94 172元）50 469元。清远市地区发展水平处于广东省中下游，与珠三角经济发达地区差距较大，在粤东西北地区地市中发展处于中游水平。

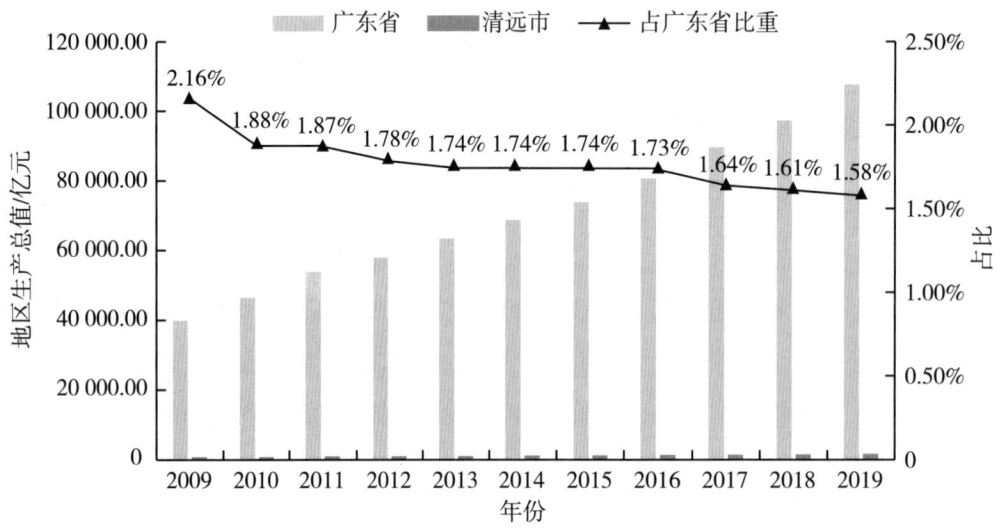

图5-21　2009—2019年清远市地区生产总值及占广东省比重

（资料来源：《广东统计年鉴2020》）

2019年清远市规模以上工业增加值482.07亿元，增长8.63%。先进制造业增加值同比增长11.03%，先进制造业对全市工业增长的贡献率达86.41%。在先进制造业中，拉动增长较快的新兴支柱行业有医药制造业和非金属矿物制品业，同比分别增长55.49%和33.63%。新兴支柱行业与传统制造业对全市制造业增长支撑作用均有增强。

（2）科技发展情况

1）科技发展统计

清远市 2019 年研发经费投入总额为 13.65 亿元，研发活动人员数量 4987 人，规模以上企业研发经费内部支出额为 13.12 亿元，占全社会研发投入的 96.12%。规模以上工业企业新产品销售收入 47.58 亿元，新产品销售收入占主营业务收入比重 47.71%。截至 2019 年年末，肇庆市每千人拥有企业数 14.33 家，先进制造业增加值 416.56 亿元。

在其他创新相关指标方面，2019 年年末清远市共有县及县级以上国有研究与开发机构 11 个。全市拥有高新技术企业 321 家，国家工程中心 1 家，省工程中心 119 家，新型研发机构 5 家，重点实验室 2 家。科技企业孵化载体中孵化器有 4 个，众创空间有 6 家。2019 年专利申请量 5497 件，其中发明专利申请量 1198 件，同比下降 64%；发明专利授权量 210 件，同比增长 4%。《专利合作条约》（PCT）国际专利申请量 62 件，同比增加 35%。2019 年经各级科技行政部门登记技术合同 11 项，技术合同成交额 26 000 万元。

2）创新模式

清远将全市 8 个县（市、区）作为创新"主战场"，85 个乡镇作为"主阵地"，形成"885"核心目标创新瞄准机制，在创新发展中瞄准主战场和主阵地，确保攻坚目标更精准。清远市共有省级现代农业产业园 9 个，乡村旅游景点 120 多个，通过搭建消费大平台，清远市大力发展特色农产品，积极组织农产品展销会，通过建立直销门店、开设农产品销售公益专区专柜等方式，积极搭建产销合作平台。通过引导粤港澳大湾区消费群体优先选购来自清远地区农产品，建立长期定向采购合作机制，以消费打通传统产业"最后一公里"。在推进乡村经济发展多元化方面，清远切实增强农村造血能力，推动产业多样化发展，以现代农业产业园为平台，构建农村一二三产业融合发展体系，全面推动村集体经济与农户"双增收"。

5.18.2 清远市创新能力评价

2019 年清远市创新能力全省排第 10 位，对比 2018 年排名上升 6 位，各指标排名如表 5-23 所示。分指标分析，投入排第 12 位，上升 2 位；产出排第 11 位，上升 2 位；产业升级排第 8 位，上升 7 位；产业创新环境排第 13 位，提升 2 位。

表 5-23 清远市创新能力指标分析

指标名称	2018 年综合指标		2019 年综合指标	
	指标值	排名	指标值	排名
综合值	12.43	16	18.95	10
1 投入	8.69	14	11.32	12
1.1 全社会 R&D 经费支出与 GDP 之比	8.82	15	11.56	13

续表

指标名称	2018年综合指标		2019年综合指标	
	指标值	排名	指标值	排名
1.2 每万名就业人员中R&D人员数量	5.86	14	8.54	12
1.3 规模以上工业企业研发经费支出占主营业务收入比重	11.50	14	12.97	13
1.4 地方财政科技拨款占地方财政支出比重	8.59	13	12.21	11
2 产出	8.87	13	11.78	11
2.1 万人有效发明专利拥有量	1.19	13	1.50	12
2.2 PCT专利申请数占全省PCT专利申请量的比重	0.24	11	0.34	9
2.3 高技术制造业增加值占规模以上工业比重	8.70	16	7.79	18
2.4 新产品销售收入占主营业务收入比重	31.36	10	47.41	8
2.5 形成国家或行业标准数量	2.89	12	1.85	11
3 产业升级	26.35	15	37.67	8
3.1 第三产业增加值占GDP比重	32.70	6	31.86	7
3.2 先进制造业增加值	1.47	15	1.57	15
3.3 单位GDP能耗增长速度	46.65	18	79.57	11
4 产业创新环境	9.30	15	20.22	13
4.1 高校和科研院所研发支出来自企业的比例	24.58	11	54.49	6
4.2 全员劳动生产率	27.96	12	27.96	12
4.3 科研机构数	4.97	14	3.89	16
4.4 每千人拥有的企业数	4.79	12	14.33	9
4.5 获得风险投资金额	0.21	12	0.41	9

从具体指标看，在投入方面，全社会R&D经费支出与GDP之比、每万名就业人员中R&D人员数量和地方财政科技拨款占地方财政支出比重指标排名均上升2位。在产出方面，高技术制造业增加值占规模以上工业比重指标排名下降2位。在产业升级方面，单位GDP能耗增长速度指标全省排第11位，上升7位。在产业创新环境方面，高校和科研院所研发支出来自企业的比例指标排名上升5位，每千人拥有的企业数和获得风险投资金额指标排名均上升3位。

5.18.3 清远市主要企业或行业创新活动分析

（1）清远市齐力合成革有限公司

清远市齐力合成革有限公司（简称"齐力公司"）位于清远市国家高新技术产业开发区雄兴工业城内，是一家集研发、生产、销售合成革于一体的现代化企业。目前拥有4家分公司、员工近2000名、科技研发人员近200名，是生产能力和市场影响力在广东省同行业排名第一的国家级高新技术企业。

齐力公司新的研发中心以创新为核心,发展高新技术产品,着力增强企业的创新力,推进和实施"技术创新战略"。工程技术研发中心以绿色、生态、环保、适应国内外市场需求的开发与产业化合成革研究为重点,充分发挥研发中心自主创新能力。同时,在资金链、产品研发、工艺技术、综合管理、市场营销等方面与同行相比具有很大优势,在同行业中具有很高的知名度、诚信度和美誉度,是国内上中下游产业链较为完善的合成革企业,生产规模、影响力居广东省、全国前列。

齐力公司注重产业升级,加强生产工艺和技术改造,加强自主创新、自主研发和产业链完善,与四川大学、仲恺农业工程学院等多所高校和研发机构建立了产学研基地和高新技术合作项目,已获得国家发明专利和实用新型专利54件,同时注重生态环保、绿色生产、节能减排工作,投入大量资金,加强安全生产和环境治理,成效明显。齐力公司从2011年开始启动"251人才工程",面向全国各大院校招聘大学生,近几年已引进储备大学本科以上毕业生120多名。与四川大学建立了研究生实习实践基地、博士后创新实践基地;与西北政法大学、中南林业科技大学、湖南文理学院、清远职业技术学院等多所高校建立了毕业生实习基地或用人协议。齐力公司注重内部人才培养与使用,开展了"百人学历免费提升"、干部创新能力提升、科技科研人员培训、名人名家讲座等活动。

(2)广东豪美新村股份有限公司

广东豪美新村股份有限公司(简称"豪美公司")成立于2004年8月20日,崛起于中国广东,在改革开放的大潮中发展和壮大。公司是一家集专业研发、制造、销售于一体的国内大型铝型材制造商,一直致力于向产业链上下游拓展,追求高技术集成、高品牌价值和高产品附加值,已成功由一家传统铝制品企业,转型为一家从事铝合金节能系统门窗及汽车轻量化材料技术创新和产业化应用的国家重点高新技术企业。

豪美公司形成了从熔铸、模具设计与制造、挤压、喷涂到深加工的完整铝型材产业链。其中公司的特种型材项目已被列为国家发展改革委重点产业振兴支持项目、广东省2011年重点建设项目,被广东省经济和信息化委员会列为23个重大项目之一,并通过了"国家实验室认可(CNAS)",被认定为"国家认定企业技术中心"。2017年豪美公司获得了中国有色金属加工工业协会组织评选的"中国建筑铝型材十强企业"荣誉,是全国仅有的同时获得"中国建筑铝型材十强企业""国家认定企业技术中心"两项国家认可荣誉的三家建筑铝型材企业之一。

豪美公司现已成为经营实力雄厚、产品规格配套齐全、研发设施完善及产品创新能力较强的大型企业,并在汽车轻量化材料产业领域独树一帜,实现高度节能产业化。豪美公司信息化水平高、生产质量稳定、营销网络和售后服务体系健全,正驶入高速发展的轨道,将跻身世界铝型材大型企业阵列。豪美公司从市场需求出发,以高、精、尖新型型材为研发主导,努力提高产品的档次,集精密模具制造、生产销售、技术研发于一体,抓住市场机遇,不断成长,发展壮大,扩大国际交流与合作,进一步提升企业在市场、品牌、产品、技术、网络、机制和观念上的国际化水平,走民族企业国际名牌之路,创建具有国际竞争力的百年企业。

5.18.4 清远市主要政府部门的积极作为

近年来，清远市政府积极引进资源支持地区科技创新，坚定不移提升发展质量效益，经济发展稳中有进。三次产业结构优化为4.4∶32.5∶63.1。现代服务业、先进制造业和高技术制造业增加值分别增长10.6%、4.4%、14.7%。规模以上工业经济效益综合指数同比提高17.2个百分点。清远市坚定不移推进乡村振兴发展，城乡发展更趋协调，并入选国家城乡融合发展试验区广清接合片区。坚定不移深化改革扩大开放，发展活力持续释放，广清产业园清城片区累计签约工业项目149个，投（试）产企业48家，中国南部物流枢纽首期开业，"清远互联网+创新产业园"正式揭牌。

此外，清远市配合高新区提质增效，争创国家知识产权示范园区。加强创新企业培育，力争新增高新技术企业16家以上、省级工程技术研究中心8家以上，专利授权量、发明专利授权量分别增长15%、14%以上。加快推动天安智谷科技产业园区、华南863科技创新园等科技创新平台发展。加快推动陶瓷、钢铁、有色金属等传统行业绿色化改造，力争推动85家企业开展技术改造，技术改造投资19亿元以上。力争新增规模以上工业企业16家以上。落实"凤聚清城"等人才引进政策措施，完善人才引进、使用、激励等机制，提升对青年人才的吸引力，推动科教产城融合发展，力争引进培养双创团队3个以上。

5.18.5 小结

清远市近年来经济发展不断取得新的成效，新兴产业发展迅速，电商、智慧城市和大数据建设得到重视。清远市高新区也成为粤东西北第二个国家级高新区。但清远市创新发展过程中仍存在一些问题，如经济总量相对较小，产业结构相对单一，重大工业项目及规模以上企业不多，创新能力不足，因地理原因导致了南北差距较大，发展不均衡。在今后的发展中，清远市在南部和北部地区应实施不同的发展计划，南部地区深入实施广清一体化发展战略，以加快融入珠三角地区；北部地区在广州市的帮扶下，大力发展经济以实现全面建成小康社会的目标。此外，应重视创新在经济发展中的作用，强化企业创新的主体地位，培育创新型企业，同时抓住"互联网+"、大数据等发展契机，进一步激发地区创新活力。

5.19 潮州市

5.19.1 潮州市创新现状描述

（1）国民经济综合发展概况

2019年，潮州市地区生产总值1080.94亿元，排全省第18位，占全省的1.00%，同比增长1.3%，增速低于全国（6.1%）4.8个百分点，低于全省（6.2%）4.9个百分点，地区生产总值占广东省地区生产总值的比重保持在1.2%左右,如图5-22所示。

2019年年末人口数265.98万人,人均GDP为40 640元,排全省第16位,低于全省平均水平(94 172元)53 532元。潮州市主要经济指标在广东省排名靠后,国民经济发展水平与广东省平均水平差距较大。

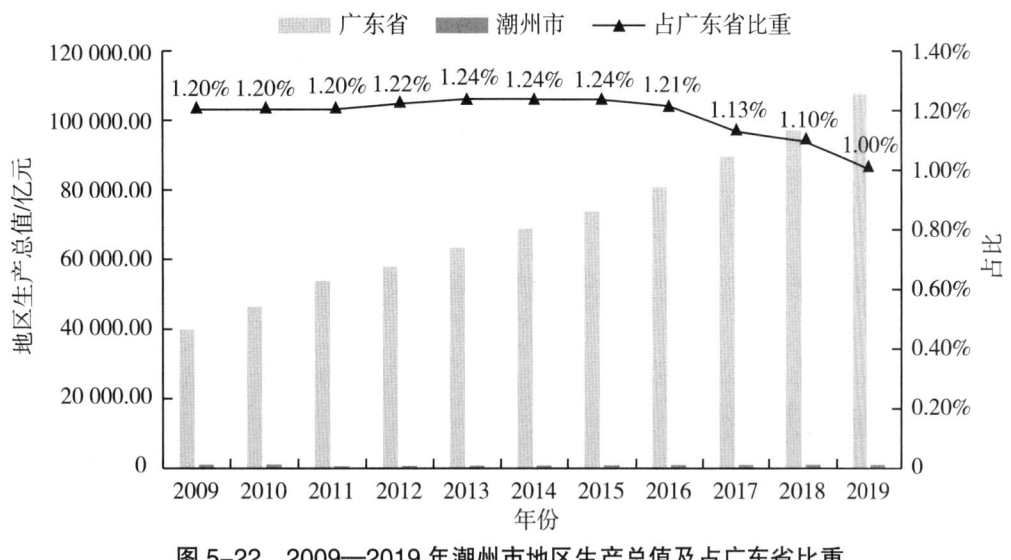

图5-22 2009—2019年潮州市地区生产总值及占广东省比重

(资料来源:《广东统计年鉴2020》)

2019年,潮州市全年规模以上工业增加值269.93亿元,下降13.34%。先进制造业增加值同比增长11.03%,其中电气机械和器材制造业增加值为3.16亿元,同比增长36.21%;化学原料和化学制品制造业增加值为9.56亿元,同比增长35.80%;通用设备制造业增加值为4.51亿元,同比增长13.32%;医药制造业增加值为2.69亿元,同比增长5.08%。

(2)科技发展情况

1)科技发展统计

潮州市2019年研发经费投入总额为7.52亿元,研发活动人员数量4161人,规模以上企业研发经费内部支出额为6.04亿元,占全社会研发投入的80.32%。规模以上工业企业新产品销售收入15.65亿元,新产品销售收入占主营业务收入比重16.88%。截至2019年年末,肇庆市每千人拥有企业数4.93家。

在其他创新相关指标方面,2019年年末潮州市共有县及县级以上国有研究与开发机构4个,全市拥有高新技术企业110家,省工程中心59家,新型研发机构2家,重点实验室2家。科技企业孵化载体中孵化器有9个,众创空间有4家。2019年专利申请量8531件,其中发明专利申请量277件,同比下降95%;发明专利授权量80件,同比增长3%。《专利合作条约》(PCT)国际专利申请量3件,同比下降25%。2019年各级科技行政部门登记技术合同2项,技术合同成交额6000

万元。

2）创新模式

潮州市充分发挥企业创新主体作用，积极引导创新意识强、研究基础好的龙头企业参与自主核心技术攻关，示范带动传统产业突破新工艺、新材料技术。三环集团"固体氧化物燃料电池电堆工程化开发"项目列入国家重点研发计划，获得资金补助2769万元，实现潮州企业承接国家重大科研任务零的突破。同时，三环集团还通过深耕技术创新和工艺研发，实现新型材料、电子浆料、纳米粉体等关键技术突破。

此外，潮州市加快科技创新平台建设，因企施策、分类指导，探索建立形式多样、机制灵活的科技创新平台发展模式。其中，先进陶瓷材料创新研究中心建成投用，化学与精细化工省实验室潮州分中心揭牌成立。全市建成市级工程中心109家、省级工程中心55家（含高校类4家）、省级新型研发机构2家、省级重点实验室1家，规模以上工业企业研发机构覆盖率达30%。

5.19.2 潮州市创新能力评价

2019年，潮州市创新能力全省排第19位，与2018年持平（表5-24）。从指标分析结果可以看出，投入排第14位，上升1位；产出排第17位，上升1位；产业升级排第16位，下降2位；产业创新环境排第19位，上升1位。

表5-24 潮州市创新能力指标分析

指标名称	2018年综合指标		2019年综合指标	
	指标值	排名	指标值	排名
综合值	9.80	19	11.84	19
1 投入	6.72	15	6.05	14
1.1 全社会R&D经费支出与GDP之比	9.05	14	9.42	14
1.2 每万名就业人员中R&D人员数量	10.26	12	7.49	13
1.3 规模以上工业企业研发经费支出占主营业务收入比重	6.74	18	5.26	15
1.4 地方财政科技拨款占地方财政支出比重	0.81	20	2.04	17
2 产出	5.73	18	6.70	17
2.1 万人有效发明专利拥有量	1.69	11	1.48	13
2.2 PCT专利申请数占全省PCT专利申请量的比重	0.01	20	0.00	21
2.3 高技术制造业增加值占规模以上工业比重	10.79	14	13.72	14
2.4 新产品销售收入占主营业务收入比重	12.76	19	16.88	18
2.5 形成国家或行业标准数量	3.39	10	1.43	13

续表

指标名称	2018年综合指标		2019年综合指标	
	指标值	排名	指标值	排名
3　产业升级	26.71	14	28.38	16
3.1　第三产业增加值占GDP比重	13.02	16	0.86	20
3.2　先进制造业增加值	0.48	18	0.56	18
3.3　单位GDP能耗增长速度	86.49	8	83.73	9
4　产业创新环境	4.23	20	10.55	19
4.1　高校和科研院所研发支出来自企业的比例	6.85	17	31.02	15
4.2　全员劳动生产率	15.11	17	15.11	17
4.3　科研机构数	1.24	20	1.67	19
4.4　每千人拥有的企业数	3.93	15	4.93	17
4.5　获得风险投资金额	0.04	15	0.01	17

从具体指标来看，投入方面，规模以上工业企业研发经费支出占主营业务收入比重和地方财政科技拨款占地方财政支出比重指标有进步，上升3位。产出方面，新产品销售收入占主营业务收入比重指标上升1位，形成国家或行业标准数量指标下降3位，万人有效发明专利拥有量指标下降2位，其他指标排名基本持平。产业升级方面，第三产业增加值占GDP比重指标排名下降4位，需要高度重视第三产业发展过程。产业创新环境方面，高校和科研院所研发支出来自企业的比例较2018年上升2位，科研机构数指标上升1位。

5.19.3　潮州市主要企业或行业创新活动分析

（1）潮州三环（集团）股份有限公司

潮州三环（集团）股份有限公司（简称"三环集团"）成立于1970年，2014年在深交所上市（股票代码300408），是一家致力于研发、生产及销售电子基础材料、电子元件、通信器件等产品的综合性企业。三环集团的产品覆盖光通信、电子、电工、机械、节能环保、新能源和时尚等众多应用领域，其中光纤连接器陶瓷插芯、氧化铝陶瓷基板、电阻器用陶瓷基体等产销量均居全球前列，被评为国家高新技术企业、中国制造业单项冠军示范企业，连续多年名列中国电子元件百强前10。

三环集团始终坚持以技术创新为引领，设置材料研究院和装备设计院，拥有以院士、学科专家为顾问，以博士为技术带头人的创新攻关团队，不断开展新材料、新产品、新装备、新技术的研究与创新，多次承担并完成国家、省级重点科研项目，多项产品先后荣获国家优质产品奖金奖，产品专利覆盖多个国家与地区。三环集团秉持"科技创新、诚信服务、持续改进、满足用户"的质量方针，建立了完整的产品质量控制体系，主要产品获得了ISO 9001和IATF 16949质量管理体系认证、ISO 14001 环境管理体系认证、IECQ 国际电子元器件质量认证，产品进入全球采购链，深受广大用户认可。

（2）广东凯普生物科技股份有限公司

广东凯普生物科技股份有限公司（简称"凯普生物"），成立于 2003 年，是国内领先的核酸分子诊断产品提供商，专注于分子诊断试剂、分子诊断配套仪器等核酸诊断相关产品的研发、生产和销售，并提供相关服务。2016 年，凯普生物"人乳头状瘤病毒基因分型检测试剂盒及其基因芯片制备方法"（ZL 200710030723.6）荣获第 18 届中国专利奖金奖，代表中国 HPV 检测自主创新的先进水平。2017 年 4 月 12 日，凯普生物（股票代码 300639）首次公开发行股票，并在创业板上市。

凯普生物凭借自主创新，在 2008 年被评为高新技术企业，2012 年被评为广东省创新型企业。同年，获得广东省科技厅、广东省发展改革委、广东省经济和信息化委员会批准，建设"广东省人乳头状瘤病毒（HPV）相关疾病分子诊断工程技术研究开发中心"，成为国内分子诊断领域少数有能力建造省级研发中心的企业之一。2013 年，凯普生物获人力资源社会保障部、全国博士后管理委员会批准组建博士后科研工作站。2015 年 9 月，国家战略性新兴产业发展专项——广东凯普生物芯片研发产业基地在中新广州知识城正式启动，产学研有机结合，形成具有凯普特色的生物技术链、产业链双链发展模式。2017 年，凯普生物评为"国家知识产权优势企业""国家基因检测技术应用示范中心"。2018 年，凯普生物获广东省人力资源社会保障厅批准组建广东省博士工作站。

凯普生物始终专注于分子诊断技术的自主研发，积极拓展核酸分子诊断技术的应用领域，并不断推动核酸分子诊断应用技术的改造升级。全球多家实验室采用凯普产品参与 2011 年、2013 年、2014/2015 年、2017 年连续四次由世界卫生组织（WHO）举办的 WHO HPV 网络监测评估，其结果完全符合临床应用水平和实验室能力要求。此外，在分子诊断产业化取得重大成果的基础上，凯普生物在全国各重点城市建立 20 家分子医学检验所，将公司业务向下游产业链扩展，实现"平台＋试剂＋服务"的一体化经营模式。

5.19.4　潮州市主要政府部门的积极作为

潮州市政府坚持需求导向和问题导向，紧紧围绕陶瓷、食品等特色主导产业，从产业转型升级的迫切需要和高质量发展长远需求出发，对标国际先进技术和产品，在高性能陶瓷粉体材料、封装陶瓷劈刀、呈味肽应用基础研究等方面开展产学研协同攻关，在 5G 通信等应用领域加快突破，打破国外技术垄断，加速国产化进程，实现核心技术自主可控。同时，制定出台"科创 12 条""高企三年行动计划"等政策文件，加大科技创新补助力度，给予高新技术企业最高 40 万元认定补助，2019 年全市高新技术企业数量达 110 家，实现三年翻番。潮州市通过搭建创新创业展示平台，连续三年举办市级创新创业大赛，2019 年投入奖金总额较上届增长 173%，成功发动 122 家科技型中小企业报名参赛，参赛企业数量比上一届增长 71%，连续两年排粤东西北地市第 1 位，共有 19 家企业获省赛奖项，获省赛奖项数量排全省第 5 位、粤东西北地市第 1 位。潮州市政府始终重视创新在经济发展中的作用，持续深化科技管理体制改革，坚持集中财力、重点突出的原则，对市级科技专项进行优化改革，创新推行"大项目+后补助"模式，充分激发企业和科研人员创新活力，高效推动关键核心技术攻关。

5.20 揭阳市

5.20.1 揭阳市创新现状描述

（1）国民经济综合发展概况

2019 年揭阳市实现地区生产总值 2101.77 亿元，比上年增长 3%，排广东省第 13 位，增速低于全国（6.1%）3.1 个百分点，低于广东省（6.2%）3.2 个百分点。2009—2019 年揭阳市地区生产总值及占广东省比重如图 5-23 所示，揭阳市地区生产总值占广东省比重近年来保持在 2% 左右。

揭阳市 2019 年年末常住人口 610.5 万人，人均生产总值 34 427 元，排广东省第 20 位，较广东省平均水平（94 172 元）低 59 745 元。第三产业增加值 1096.26 亿元，增长 5.5%，对地区生产总值增长的贡献率为 85.5%。三次产业结构比重为 8.9∶38.9∶52.2，第三产业所占比重比上年提高 0.6 个百分点。总体而言，揭阳市总量指标处于广东省中等偏下水平，相较广东省珠三角经济发达地区差距很大，在广东省的比重在波动中略有下降。

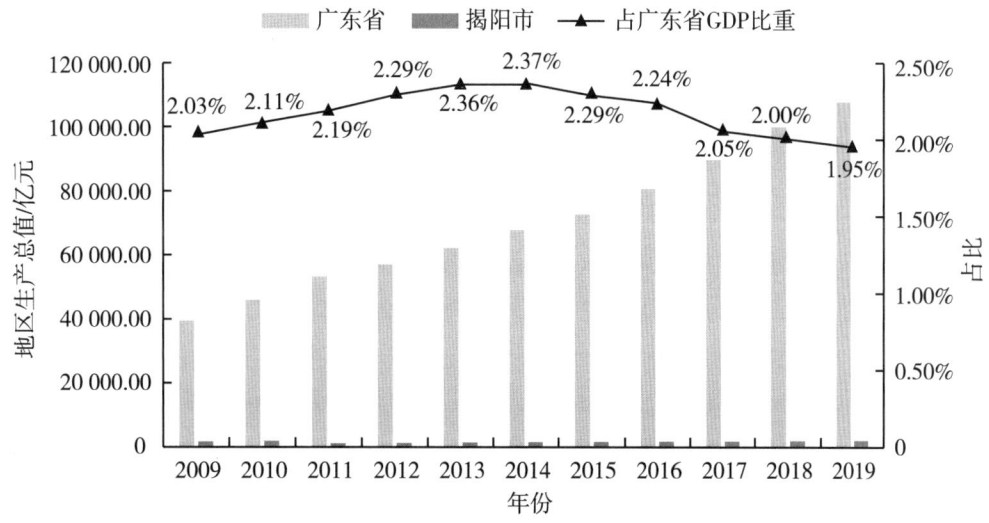

图 5-23　2009—2019 年揭阳市地区生产总值及占广东省比重

（资料来源：《广东统计年鉴 2020》）

（2）工业发展情况

2019年，揭阳市全年规模以上工业增加值525.3亿元，下降0.5%；规模以上工业企业1393个，下降2.8%；实现利润总额145.08亿元，下降1.5%。

高技术制造业增加值比上年下降29.7%，占规模以上工业增加值的比重为11.2%。其中，医药制造业下降34.9%，电子及通信设备制造业增长16.4%，医疗设备及仪器仪表制造业下降27.9%。

先进制造业增加值比上年下降4.4%，占规模以上工业增加值的比重为39.1%，比上年下降0.8%。其中，高端电子信息制造业增长0.4%，先进装备制造业增长20.9%，石油化工业增长19.1%，先进轻纺制造业下降3.0%，新材料制造业增长1.4%，生物医药及高性能医疗器械制造业下降23.7%。

优势传统产业增加值比上年下降1.5%，其中，化工和矿物加工业增长5.9%，纺织服装业增长7.4%。

规模以上服务业企业实现营业收入70.9亿元，比上年增长8.9%；利润总额4.2亿元，增长5.9%。其中商务服务业营业收入下降8.3%，生态保护和环境治理业营业收入增长18.1%。

虽然高技术制造业和先进制造业增长速度放缓，但产业升级势头明显，高端制造行业都有增长。

（3）科技发展情况

1）科技发展统计

规模以上工业企业拥有研发机构450个。全年统计科技成果4项，其中应用技术成果4项。全年经各级科技行政部门登记技术合同1项，技术合同成交额52万元。全年专利申请量9103件，比上年增长29.82%，其中，发明专利申请量393件，下降36.5%；全年专利授权总量5927件，增长28.93%，其中，发明专利授权量70件，下降5.41%。全年《专利合作条约》（PCT）国际专利申请量8件。截至2019年年底，全市有效发明专利量622件，万人发明专利拥有量1.02件。

全市拥有高新技术企业159家，省级工程技术研究中心69家，省级新型研发机构2家，国家企业技术中心2家，省级企业技术中心31家，认定省级技术创新专业镇22个。揭阳市现有国家地方联合工程研究中心2家，国家企业技术中心2家，省工程实验室2家。

2）创新模式

随着"互联网+"的深化应用，电商发展环境持续优化，揭阳市把电子商务作为推动传统产业转型升级的新抓手，积极实施供给侧结构性改革，借力电商带动传统产业转型升级。同时，大力完善产业园区建设，创新运营模式，积极推进产业项目建设和产业共建，产业园区扩能增效明显，已初步形成具有区域特色的玉器、制鞋、模具、石化、纺织服装、节能环保装备新材料和新能源产业。将电商和产业融合，政府鼓励企业组建电商团队、打造自主品牌、提高产品及服务质量，推动服装、玉器、药材、鞋业、五金、小家电、塑料、不锈钢等传统产业上网"触电"，先后涌现了康夫、海兴、港荣、仙宜岱、玫瑰柏拉图、优乐酷等一批示范性电商龙头企业。

同时，以阳美玉都淘宝官方直播基地为载体，打造珠宝玉器直播销售新模式，借力网络直播的平台技术优势及广泛的客户资源，拓宽珠宝玉器消费渠道，助推珠宝玉器产业转型升级。

揭阳市共有淘宝镇7个，淘宝村50个。揭阳军埔电子商务村成为最具活力的"中国淘宝村"之一，发挥了积极示范效应。揭西县成功入选2016年广东大众电商创业十佳县。金和镇成为广东省首批18个"互联网+"小镇，2个"互联网+农业"培育小镇之一。普宁市成为全国十大"淘宝村"集群之一，现有"中国淘宝镇"7个，"中国淘宝村"48个。

5.20.2 揭阳市创新能力评价

2019年揭阳市创新能力在全省排第17位，与2018年排名持平（表5-25）。从分指标来看，投入指标2019年排全省第13位，与上年持平；产出指标排全省第19位，较2019年下降4位；产业升级指标排全省第6位，较2018年上升10位；产业创新环境排全省第20位，较2018年下降4位。

表5-25 揭阳市创新能力指标分析

指标名称	2018年综合指标		2019年综合指标	
	指标值	排名	指标值	排名
综合值	12.11	17	13.82	17
1 投入	9.19	13	9.49	13
1.1 全社会R&D经费支出与GDP之比	13.46	12	14.78	12
1.2 每万名就业人员中R&D人员数量	6.76	13	6.62	14
1.3 规模以上工业企业研发经费支出占主营业务收入比重	11.74	13	15.49	12
1.4 地方财政科技拨款占地方财政支出比重	4.78	18	1.06	18
2 产出	7.72	15	4.68	19
2.1 万人有效发明专利拥有量	0.05	20	0.00	21
2.2 PCT专利申请数占全省PCT专利申请量的比重	0.03	19	0.03	17
2.3 高技术制造业增加值占规模以上工业比重	20.54	9	15.42	11
2.4 新产品销售收入占主营业务收入比重	13.27	17	5.72	19
2.5 形成国家或行业标准数量	4.72	9	2.21	10
3 产业升级	26.26	16	40.67	6
3.1 第三产业增加值占GDP比重	0.00	21	34.96	6
3.2 先进制造业增加值	3.11	12	2.76	13
3.3 单位GDP能耗增长速度	100	1	84.29	8
4 产业创新环境	8.98	16	7.65	20

续表

指标名称	2018年综合指标		2019年综合指标	
	指标值	排名	指标值	排名
4.1 高校和科研院所研发支出来自企业的比例	1.94	18	0.01	20
4.2 全员劳动生产率	36.02	9	36.02	9
4.3 科研机构数	3.11	17	2.22	17
4.4 每千人拥有的企业数	0.48	20	0.00	21
4.5 获得风险投资金额	0.52	9	0.02	16

从具体指标来看，投入方面，分指标排名变化不大，大部分指标较上年持平，处于中下游水平；产出方面，排名整体下降，其中高技术制造业增加值占规模以上工业比重和新产品销售收入占主营业务收入比重均下降2个位次；产业升级方面，整体上升明显，特别是第三产业增加值占GDP比重增加显著，排名较上年上升15位；产业创新环境方面，发展形势不理想，高校和科研院所研发支出来自企业的比例和获得风险投资金额都下降明显，排名处于省内下游水平，可见省内其他市级地区发展更为强劲。

总体来看，揭阳市产业转型升级效果显著，第三产业增加值占GDP比重提升明显，但是先进制造业和高技术产业的发展缓慢，有待进一步优化升级产业结构。在产出和产业创新环境方面发展缓慢，处于省内下游水平，亟待调整发展。为进一步提高揭阳市创新能力，政府应该大力提高对产业创新环境的建设和保障力度，加大对科技财政的支持，同时优化产业结构，重视高技术产业、先进制造业的发展，营造良好的创新环境，鼓励企业创新。

5.20.3 揭阳市主要企业或行业创新活动分析

广东榕泰实业股份有限公司和巨轮智能装备股份有限公司均进入2019年广东省企业500强名单，同属于制造行业。

（1）广东榕泰实业股份有限公司

广东榕泰实业股份有限公司（简称"榕泰实业"）成立于1997年，主要从事ML（氨基复合材料）复合新材料及其制品的生产和销售。榕泰实业成立后，即把高分子新材料的开发作为企业发展的主攻方向，通过建立完善的技术开发机构，建设高素质的科研队伍，营造良好的技术创新环境，加大科研开发投入，成功开发出比原有产品质量更高、性能更优越的新一代树脂基功能复合材料——ML复合新材料，并通过建立完善的质量保证体系，使产品迅速形成产业化，发挥规模效应，现已具备年产ML复合新材料2.3万吨的实际生产能力，是国内规模最大、技术含量较高的生产企业。

榕泰实业重视企业科研机构建设，加大科研开发经费投入，先后组建了广东省高分子复合材料工程技术研究开发中心、广东榕泰实业股份有限公司企业技术中心、华南理工大学揭阳工程技术研究院和汕头大学榕泰功能新材料研发中心等机构。其中榕泰实业的企业技术中心被国家发展改革委、科技部等五部委认定为"国家认定企业技术中心"。企业技术创新能力不断提高，已先后开发了一批技术项目，其中多个项目被列入国家级科技计划项目、省级科技项目、省级技术创新项目。

（2）巨轮智能装备股份有限公司

巨轮智能装备股份有限公司（简称"巨轮智能"）是首家上市的轮胎模具开发制造企业。巨轮智能是国家火炬计划重点高新技术企业，国家技术创新示范企业、全国首批15家工业机器人行业规范企业、全国首批国家级绿色工厂，拥有国家级技术中心、院士工作站、博士后工作站、国家与地方联合工程中心等高端研发机构。巨轮智能自成立以来，坚持自主创新和科技主导，目前已形成轮胎模具、轮胎硫化机、工业机器人和精密机床四大高端业态，并先后在印度、欧洲、美国设立子公司，形成崭新的国际化发展态势。

巨轮智能主要研制开发和生产子午线轮胎模具、液压式轮胎硫化机、精密机床及工业机器人，主导产品有子午线轮胎活络模具、轮胎二半模具、巨型工程车胎活络模具、多种型号的液压式轮胎硫化机、轻载和重载工业机器人、精密机床等。巨轮智能研发技术先进，产品质量可靠，品牌价值显著，产品畅销全国并远销美国、欧洲、东南亚、南美等国家和地区，被美国固特异、英国邓实禄普、法国米其林、日本普利司通、意大利皮列里等国际轮胎巨头列入全球采购供应体系，成为国内外高端客户的主流供应商。

巨轮智能技术创新成果累累，多次承担国家重点新产品计划项目、国家重点产业振兴和技术改造项目、国家重点火炬计划项目和国家创新能力建设项目，多个产品通过国家、省级科技鉴定。巨轮智能拥有授权专利118件，其中PCT专利2件，日本专利1件，美国专利1件，国家发明专利22件，实用新型专利72件，软件著作权15件，外观设计专利5件，多项科研成果获得行业、省、市级科技奖项，其中2010年的"巨型工程车子午线轮胎活络模具"项目和2013年的"面向定制生产的协同设计与制造关键技术"项目先后获得了广东省科学技术奖一等奖。巨轮智能拥有各种高精尖研发、检测设备1000多台套，包括高精密数控雕刻机、意大利FIDIA高速加工中心、日本马扎克大型铣床、瑞士WILLEMIN五轴五联动加工中心等高精装备；购置了多台美国SGI计算机工作站及美国UGⅡ、以色列CIMATRON、AUTOCAD2000等先进软硬件系统从事设计、模拟、制图；采用美国大型三坐标检测仪进行产品检测；同时建立大型计算机信息中心进行辅助设计、配合优选、设计模拟等。巨轮智能建有大型的产品造型数据库，关键工序实现了从产品设计、制图到加工无图纸化作业，技术装备达到国际先进水平。

巨轮智能坚持以科技创新为动力，始终走科技兴企之路，不断优化、强化可持续发展路径，从战略高度整合企业内外资源，健全创新机制和组织架构，营造有利于创新活动的环境氛围，促进技术创新成果的产业化、商业化和效益最大化，不断增强企业核心竞争力。巨轮智能通过增强自主创新能力和发展名牌战略，利用优越的资源条件和灵活的激励机制，不断延揽国内外知名专家和科研人才，推动本企业乃至全行业的技术进步和创新，不断向高敏捷化、高智能化、高集成化方向发展，形成聚集品牌效应，凝合技术优势，集成优质资产。

巨轮智能有 4 家子公司，分布在我国广州及德国、印度、美国。每个子公司发展各有侧重，在广州的巨轮（广州）公司主要从事工业机器人及其核心部件、控制系统、柔性自动化技术开发、制造，是巨轮智能在智能装备产业的研发总部及产业化载体。欧吉索公司携手巨轮智能在广东揭阳设立新的生产基地，主要从事工业 4.0 自动化成套装备及技术、数控电火花机、立式加工中心等的研发、制造及销售。巨轮（印度）私人有限公司位于印度南部有"南亚底特律"之称的金奈市，是巨轮智能的全资子公司，专门从事汽车轮胎模具、工程机械轮胎模具、飞机轮胎模具及赛车轮胎模具的制造，也是目前印度唯一一家能够制造轮胎活络模具的公司。

5.20.4 揭阳市主要政府部门的积极作为

为营造良好的政策支撑环境，进一步促进科技创新，揭阳市先后出台了《揭阳市进一步促进科技创新的若干政策措施》《揭阳市促进产业发展"1+1+12"政策体系》《揭阳市促进产业科技创新扶持办法》等政策措施。从环境建设、人才、资金等方面为揭阳科技创新提供有力的制度保障。第一，深化科技体制改革，持续加大科技领域"放管服"改革力度。改革科研组织管理和项目形成机制，逐步探索面向全国，特别是粤港澳大湾区开放申报、简化科研项目过程管理等。第二，调整优化人才、科技金融、科技成果转化平台等支持政策。落实省优化人才签证制度、港澳人才享受省企业职工基本养老保险延缴政策、省有关企业家职称评审直通车制度等相关政策；加大对科技型中小企业的信贷支持力度。支持高新技术企业挂牌上市等。第三，加大鼓励企业创新的政策支持。对获得高新技术企业首次认定和重新认定企业分别给予 30 万元和 20 万元的奖励。同时，加快培育一批创新型企业和高新技术企业，安排技改创新项目，支持专项资金。

5.21 云浮市

5.21.1 云浮市创新现状描述

（1）国民经济和社会发展概况

2019 年，云浮全市实现地区生产总值 921.96 亿元，排广东省第 21 位，比上年增长 6.1%，低于广东省（6.2%）0.1 个百分点。2009—2019 年云浮市地区生产总值及占广东省比重如图 5-24 所示，云浮市地区生产总值占广东省比重近年来低于 1%。

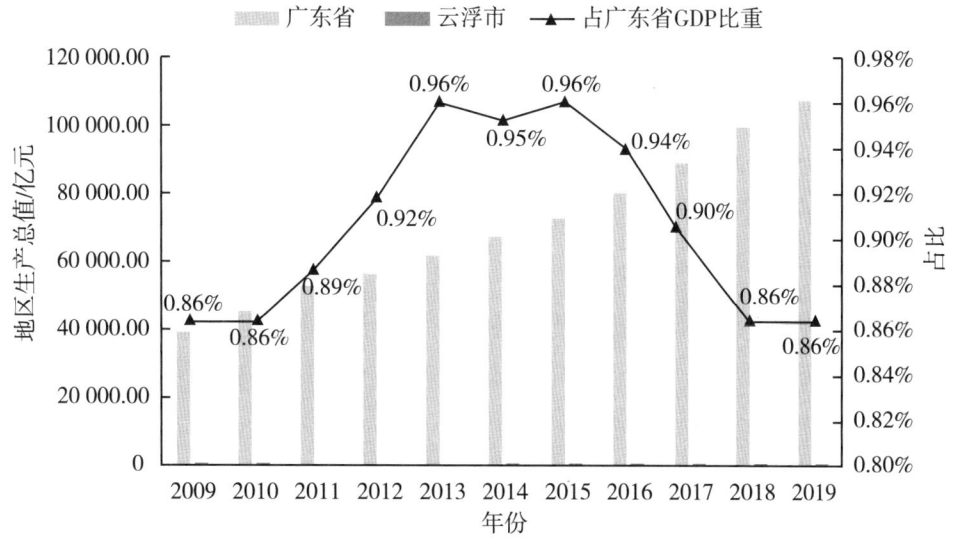

图 5-24　2009—2019 年云浮市地区生产总值及占广东省比重

（资料来源：《广东统计年鉴 2020》）

2019 年年末常住人口数 254.52 万人，人均生产总值 36 223 元，排广东省第 17 位，低于广东省平均水平（94 172 元）57 949 元，差距较大。第三产业增加值 463.38 亿元，增长 6.1%，对地区生产总值增长的贡献率为 48.2%。三次产业结构比重为 18.7∶31.0∶50.3。总体而言，云浮市发展较广东省其他地市仍处于起步阶段，存在很大的发展空间。

（2）工业发展情况

2019 年，云浮地区规模以上工业增加值 132.77 亿元，增长 6.1%，规模以上工业企业 355 个，实现利润总额 41.87 亿元。

高技术制造业增加值比上年增长 3.5%，占规模以上工业增加值的比重为 12.2%，比上年提高 0.2 个百分点。其中，医药制造业增长 16.3%，电子及通信设备制造业下降 4.2%。

先进制造业增加值比上年增长 3.1%，占规模以上工业增加值的比重为 26.8%，比上年回落 0.5 个百分点。其中，高端电子信息制造业增长 21.0%，先进装备制造业下降 14.6%，石油化工业增长 8.1%，先进轻纺制造业增长 3.2%，新材料制造业下降 5.0%，生物医药及高性能医疗器械制造业增长 16.1%。

装备制造业增加值比上年下降 1.6%，占规模以上工业增加值的比重为 15.0%，比上年下降 1.1 个百分点。其中，汽车制造业增长 34.1%，电气机械和器材制造业下降 41.1%，计算机、通信和其他电子设备制造业增长 17.7%。

优势传统产业增加值比上年增长 4.1%，其中，纺织服装业增长 3.9%，食品饮料业下降 1.9%，家具制造业下降 12.9%，建筑材料业增长 6.0%，金属制品业下降 1.4%，家用电力器具制造业增长 8.4%。高耗能行业增加值比上年增长 6.6%，其中，化学原料和化学制品制造业增长

7.4%，非金属矿物制品业增长 8.2%，有色金属冶炼及压延加工业增长 13.1%，电力、热力生产和供应业增长 1.7%。

（3）科技发展情况

1）科技发展统计

2019 年规模以上工业企业拥有研发机构 131 个。全市省级科技奖励成果 1 项。截至 2019 年年底，云浮市拥有有效发明专利量 310 件，每万人口发明专利拥有量 1.23 件。全年共有 146 家企业申请专利 1043 件，其中 57 家企业申请发明专利 158 件。全年共有 31 家企业获得专利授权 86 件，其中 4 家企业获得发明专利授权 4 件。全年经市级科技行政部门登记技术合同 8 项；技术合同认定交易额 0.34 亿元，比上年增长 165.9%。

全市拥有高新技术企业 96 家，国家工程技术研究中心 1 家，省级工程技术研究中心 35 家，市级工程技术研究中心 49 家，国家认定企业技术中心 1 家，市级企业技术中心 13 家。2019 年高技术产品产值 380.64 亿元，比上年增长 8.8%。

2）创新模式

云浮市一方面加快传统产业转型升级；另一方面大力发展新产业，提出七大特色产业集群引领推进高质量发展。

在传统产业方面，依托技术改造推动传统产业从资源型、加工型向生态型、科技型转型升级，聚力打造金属制造产业集群。发挥重大项目引领作用，推动金晟兰优特钢等项目加快建成投产。以先进钢铁制造产业为依托，同步升级新型不锈钢产业基地，加快发展汽车零部件、铝制品、不锈钢制品自动化生产机械等先进装备制造业，大力引进精密模具制造、重型机械装备制造、环保装备制造、装配式钢结构等金属制造上下游企业。

在生态农业方面，利用"互联网+"提升特色农业品牌优势。生态农业是云浮的优势，无核黄皮、沙糖橘、生态米等农产品名扬省内外。近年来，云浮市在打造特色农产品品牌的同时，把安全食品塑造成云浮农业的突出优势。"互联网+"、大数据等新技术的利用，为云浮农产品建立和健全从农田到餐桌的安全监管体系提供了技术支撑和数据支持。

云浮市还通过重大项目带动新兴产业集聚发展。大力培育发展"四新一特"等新兴产业。云计算及信息服务产业方面，推进建设智慧云浮"一中心三平台"，成功引进华为公司参与"云谷"建设，已与中国网库、神州数码等相关企业签订合作协议，云计算数据中心一期工程已动工建设；先进装备制造业方面，实施"云浮制造 2025"战略，推动制造业智能化发展，推动现代农牧装备、环保装备、石材装备、氢能源汽车及汽配等产业链快速发展。生物医药产业方面，与广东药科大学在办学、技术、研发、产业等领域开展合作，共同建设人才高地、研发高地和产业高地。同时，加快云浮市健康医药产业园、罗定市中药提取基地和现代特色南药示范区建设。健康养生旅游产业方面，禅文化、生态、温泉等旅游资源得到充分开发利用。

5.21.2 云浮市创新能力评价

2019年云浮市创新能力全省排第13位，较上年上升7位，各指标排名如表5-26所示。分指标分析，投入排第17位，较上年下降1位；产出排第13位，上升4位；产业升级排第7位，上升10位；产业创新环境排第16位，提升3位。

表 5-26 云浮市创新能力指标分析

指标名称	2018年综合指标		2019年综合指标	
	指标值	排名	指标值	排名
综合值	9.57	20	16.09	13
1 投入	4.63	16	3.71	17
1.1 全社会R&D经费支出与GDP之比	0.93	19	0.43	20
1.2 每万名就业人员中R&D人员数量	1.44	18	0.72	17
1.3 规模以上工业企业研发经费支出占主营业务收入比重	9.51	15	4.77	16
1.4 地方财政科技拨款占地方财政支出比重	6.65	14	8.94	12
2 产出	5.99	17	8.45	13
2.1 万人有效发明专利拥有量	0.27	17	0.20	17
2.2 PCT专利申请数占全省PCT专利申请量的比重	0.00	21	0.02	19
2.3 高技术制造业增加值占规模以上工业比重	17.09	11	15.69	10
2.4 新产品销售收入占主营业务收入比重	11.89	20	26.03	12
2.5 形成国家或行业标准数量	0.71	17	0.30	17
3 产业升级	25.76	17	39.85	7
3.1 第三产业增加值占GDP比重	12.06	17	28.65	10
3.2 先进制造业增加值	0.00	21	0.00	21
3.3 单位GDP能耗增长速度	90.99	5	90.91	3
4 产业创新环境	5.86	19	18.6	16
4.1 高校和科研院所研发支出来自企业的比例	0.00	21	68.63	4
4.2 全员劳动生产率	18.28	15	18.28	15
4.3 科研机构数	1.86	19	2.22	18
4.4 每千人拥有的企业数	2.50	18	3.89	19
4.5 获得风险投资金额	0.00	20	0.00	21

从具体指标来看，投入方面，整体排名下降1位，各分指标排名变化不大，处于中下游水平；产出方面的排名变化明显，上升4位，其中，新产品销售收入占主营业务收入比重上升幅度较大，由第20位上升到第12位；产业升级方面排名上升10位，处于中上游水平，产业升级效果较为明显；产业创新环境方面虽然排名较靠后，但是处于上升状态，特别是高校和科研院所研发支出来自企业的比例较去年上升17位，但是获得风险投资金额排在全省最后，表明产业创新环境还需更多调整优化。

总体来看，云浮市产业转型升级效果显著，第三产业增加值占GDP比重提升明显，但是先进制造业和高技术产业的发展缓慢，有待进一步优化升级产业结构。在产出和产业创新环境方面均有所提升，但整体还处于省内中下游水平。为进一步提高云浮市创新能力，一方面，政府应该出台各项政策，着力加强制度建设，优化科技创新政策环境；另一方面，加大财政科技投入，搭建科技创新平台，鼓励企业加强创新，推动产业转型升级。

5.21.3 云浮市主要企业或行业的创新活动分析

温氏食品集团股份有限公司和广东凌丰集团股份有限公司均进入2019年广东省企业500强名单，同属于制造业行业。

（1）温氏食品集团股份有限公司

广东温氏食品集团股份有限公司（简称"温氏股份"）是位于云浮市的大型企业，排2019年广东省百强企业第40位。温氏股份创立于1983年，现已发展成为一家以畜禽养殖为主业、配套相关业务的跨地区现代农牧企业集团，现为农业产业化国家重点龙头企业、国家级创新型企业。2015年11月2日，温氏股份在深交所挂牌上市（股票代码300498）。

温氏股份实行"公司+基地+农户"、"产、供、销"一条龙及"科、工、贸"一体化的农业产业化经营模式，同时与多家科研院所深度合作，构筑了强大的"产、学、研"相结合的科技创新体系。当前温氏股份设立了国家级企业技术中心、国家生猪种业工程技术研究中心、农业部重点实验室、博士后科研工作站、广东省博士工作站、广东省生猪种业现代农业创新中心等科研平台，拥有一支由多名行业专家、博士为研发带头人，以硕士为研发骨干的高素质科技人才队伍，集中研究畜禽育种、疾病防治、饲料营养等核心领域的关键技术。截至2020年6月30日，温氏股份累计获得国家级科技奖项8项，省部级以上科技奖项58项，畜禽新品种9个（其中猪2个，鸡7个），新兽药证书37项，国家计算机软件著作权63项；拥有有效发明专利142件（其中美国发明专利3件）、实用新型专利266件。

温氏股份下辖事业部之一广东温氏大华农生物科技股份有限公司入选2019年广东省创新企业100强，排第29位，以兽用生物制品、兽用药物制剂、饲料添加剂为主营业务。公司以"做动物保健专家，为人类健康服务"为使命，致力于研发、生产和推广应用生态、绿色、环保的动物保健品高科技产品，是农业部指定的高致病性禽流感疫苗生产企业、世界首个草鱼出血病活疫苗生产企业、亚洲首家鸡球虫疫苗生产企业。

（2）广东凌丰集团股份有限公司

广东凌丰集团股份有限公司（简称"凌丰集团"）成立于1993年，是集不锈钢系列餐厨具研发设计、生产制造、出口贸易、自主品牌销售于一体的高新技术企业。

凌丰集团非常注重自主研发，其研发产品先后获得德国红点奖、德国IF奖、中国创新设计红星奖、中国优秀工业设计奖金奖、中国出口产品设计奖等多项荣誉。目前拥有国家授权专利350多件，国际授权专利3件；通过了ISO 9001:2008质量管理体系认证、ISO 14001:2004环境管理体系认证和NSF、CE、UL、GS、CCC、CB、TUV、EMC等多项产品国际认证。

凌丰集团不断致力于推进校企产学研互动合作，希望借助高校强大的人才、技术资源和理论研究，实现优势资源的互补，加强理论与实践的创新。凌丰集团先后与南京工业大学、华南理工大学等知名院校达成合作协议。

目前，凌丰集团正积极创办"凌丰创新研究院"，将现有的省级企业技术中心、工程技术研发中心和工业设计中心的技术、人才和资源进行整合、提升，致力于新产品、新工艺、新材料及智能厨房、厨电一体化、智能制造等研究创新，不断增强公司转型升级动力和提升公司核心竞争力。

5.21.4 云浮市主要政府部门的积极作为

近年云浮市产业转型升级的显著效果离不开当地政府的积极支持。当地政府先后出台《关于引导扶持云浮市新型研发机构发展的试行办法》《云浮市产学研结合管理办法》《云浮市促进科技企业孵化器发展的试行办法》《关于推动制造业高质量发展的实施意见》等政策和措施来优化创新环境，促进企业转换动能及优化升级。

云浮市政府结合当地特色，提出培育"六大特色产业集群"战略，即以打造金属制造、信创为主导的电子信息、氢能、生物医药、建筑材料、绿色化工"六大特色制造业"为目标，以实施立柱工程、强核工程、强链工程、品质工程、优化布局工程、培土工程"六大工程"为路径，推动制造业发展水平明显提升，打造成为粤北生态建设发展新高地的"云浮制造"样本。

云浮市通过一系列项目支持，大力培育"六大特色制造业集群"，着力提升制造业自主创新能力。当前以金晟兰、南方东海钢铁、高丘六和、爱德克斯、溢康通、科特机械为龙头的金属制造产业集群效应凸显；以国鸿氢能、飞驰汽车为龙头的氢能源产业集群正在形成，已建成全球产能最大的氢燃料电池生产线；以雷允上药业、衍生医药、颂春南药为龙头的生物医药产业初具规模；以龙芯中科、清华同方、浪潮为龙头的信息技术应用创新产业正在兴起。